学校美育课程（第二辑）

Aesthetic Education Curriculum in School (VOL 2)

管慧勇　主编

浙江人民美术出版社

图书在版编目（CIP）数据

学校美育课程. 第二辑 / 管慧勇主编. -- 杭州：浙江人民美术出版社，2025.1. -- ISBN 978-7-5340-5075-6

Ⅰ.G633.955.2

中国国家版本馆CIP数据核字第202554Y19V号

责任编辑　陈辉萍
文字编辑　褚明敏　闫　函
责任校对　钱偎依
责任印制　陈柏荣
封面设计　刘　金

学校美育课程（第二辑）

管慧勇　主编

出版发行	浙江人民美术出版社
	（杭州市环城北路177号）
经　　销	全国各地新华书店
制　　版	杭州林智广告有限公司
印　　刷	浙江新华数码印务有限公司
版　　次	2025年1月第1版
印　　次	2025年1月第1次印刷
开　　本	965mm×1270mm　1/16
印　　张	7
字　　数	95千字
书　　号	ISBN 978-7-5340-5075-6
定　　价	60.00元

如有印装质量问题，影响阅读，请与出版社营销部联系调换。
联系电话：0571-85174821

卷首语 PREFACE

管慧勇

《学校美育课程》(第一辑)出版后,很多美术老师非常关注,图书也很快售罄。这本读物之所以受到老师们的欢迎,我想不外乎占据了天时、地利、人和三个要素。所谓"天时",读物的出版时机恰恰和新版教科书《义务教育教科书 艺术 美术》的使用同步,新的课程理念、新的教学方式、新的教科书同时呈现在美术教师面前,中小学美术教育界掀起一场学习新课程、新教材的热潮。所谓"地利",读物的大部分读者、作者都是浙江的美术教师,编者和读者、作者因为时空距离短,所以沟通非常密切。在编写过程中,编辑和老师频繁互动,时不时会碰撞出"金点子"。所谓"人和",我们的读者是教育界最可爱的人,他们是一群兼具教育情怀和艺术理想,且饱含教学热情的老师,他们对新生事物始终充满好奇心,时刻关注美术教学的新动态。这样的天时、地利、人和,也督促着我们的编辑团队不断发现最新、最好的优秀教学成果,并通过出版的方式把它呈现出来。

《学校美育课程》有一个重要的栏目"拓展课程",是介绍各个学校、各个地区的拓展课程。在编辑第一辑的过程中,我到永康市去组稿,看到永康市人民小学的五金雕塑拓展课程,感到他们创作的作品非常具有震撼力。学生们天马行空的创意和作品坚硬冷峻的金属材料形成极人的反差,给人极强的视觉张力。这些作品有不少是动物题材,被散落地布置在教学楼之间的草地上、树林间,别有一番趣味。我问课程的指导教师陈楚玄:"为什么想到要开展五金拓展课程?"陈老师告诉我,因为永康是"小五金之都",永康的五金产业非常发达,有不少企业是全国的"隐形冠军",还有数量庞大的大大小小的五金作坊,所以开展五金课程,学生创作的材料非常容易获取,这是得天独厚的优势;另外,学生在学习过程中,一定会对永康当地的五金产业有更深入的了解,或许将来毕业后,会选择回到家乡接手父母的企业,从事五金行业。

听完陈老师的介绍后，我想，一门美术拓展课程或许有这样几种功能。一是和艺术表现、美术创作有关，学生通过对拓展课程的学习，不仅创作了作品，还受到了艺术熏陶，进而提升了艺术素养，这是拓展课程显性的功能。还有一种隐性的功能，那就是情感的功能。这些课程是情感的种子，短时间内或许看不出来，但随着时间的推移，种子就会慢慢发芽，深深地根植于孩子的心里。我和陈老师交流时谈到，但凡参加过五金课程的孩子，一定会去父母所在的作坊或工厂的车间，对父母所从事的工作有直观的了解，工厂的景象甚至车间的噪音都会深深印刻在他的脑海中，这些图景就会成为他的视觉记忆。在制作五金小雕塑的过程中，父母也会协助孩子做一些切割、焊接等高难度的操作，某种程度上是通过家庭合作创作了一件作品。在这些创作过程中一定会有成功的喜悦，也会有失败的沮丧，但不管成功还是失败，这些都是情感注入的过程。我们见过太多的孩子，长大后对父母从事的行业不理解或者不屑一顾，但是参加过五金课程的孩子，一定不会有瞧不起父母行业的想法。假如有一天，父母的企业因为遭遇困难，需要孩子临时接管，他也一定会义无反顾。这样的拓展课堂，本质上就是建立了一种情感纽带，这种纽带会贯穿孩子生命的全过程。学校自主开发的课程，一定是对国家课程的有益补充，是不可或缺的。无论是主题内容还是开展方式都应该带上明显的地域符号。这些地域符号的背后或是对当地本土文化的传承，或是含有当地特色产业的印记，它不仅带给孩子创作的乐趣，更会使他们建立起一种和家乡文化的情感连接，这或许是教育的终极意义。

  本期《学校美育课程》的"美育园丁"栏目介绍的是全国优秀教师、长期扎根于吉林乡村小学，创办"山里红美术工作室"的王晓野老师。"公开课"栏目收入了"浙江省2024年小学美术教学活动评审"中的获奖课例，还附上了赛课课堂的部分视频，方便读者了解学习。本期的"拓展课程""课堂作业""读书"栏目依然给大家提供丰富多彩的内容。希望更多的美术教师能加入到我们的作者队伍中，也期望这本小小的读物能给我们的老师们一点点启迪。当然，书在编写中难免会有疏漏，也期望读者不吝批评指正。

2024年12月21日

目录
CONTENT

美育园丁

我的美育之路：以自然为师，以生活为教材
　　　　王晓野 ……………………………… 1

公开课

校园环境设计　李方 ……………………… 6
色彩乐曲——时间艺术与空间艺术的交融
　　　　熊雪青、王嘉乐 ………………… 12
我们是祖国的花朵　郑士龙、张适频 …… 20

拓展课程

印痕之美，凹凸成趣——临平一小"小浪花"
综合版画拓展课程　张丽娟、卢燕 ……… 28
"宋韵文化"美育拓展课程　姜冰洁 ……… 36
"心灵瑜伽·缠绕曼达拉"拓展课程
　　　　周晓玲、杨况 …………………… 44
"掌上大自然"微盆景艺术拓展课程
　　　　俞学良、丁雯 …………………… 52
沙塑画拓展课程　金伟民、白莉莉 ……… 60
物象描写拓展课程　周昭斌 ……………… 68
蓝夹缬拓展课程　林可造、郑晓静 ……… 76
义乌市中学美术"人人会设计"活动
　　　　缪绪乐、方菁 …………………… 80

课堂作业

奇特的梦之夸张的脸　丁玲 ……………… 88
做一棵大树　寿菁菁 ……………………… 90
黑白拼贴画　丁建纳 ……………………… 92
找果子的刺猬　宋澜 ……………………… 94
纸拎袋　巫向云 …………………………… 96
南宋官窑　邱振涛 ………………………… 98
生活中的民族纹样　项丽佳 …………… 100
电影的始祖——皮影戏　周楚洋 ……… 102

读书

热爱生活——读大卫·霍克尼的书　老管 … 104
大卫·霍克尼的中文简体版系列图书 …… 105

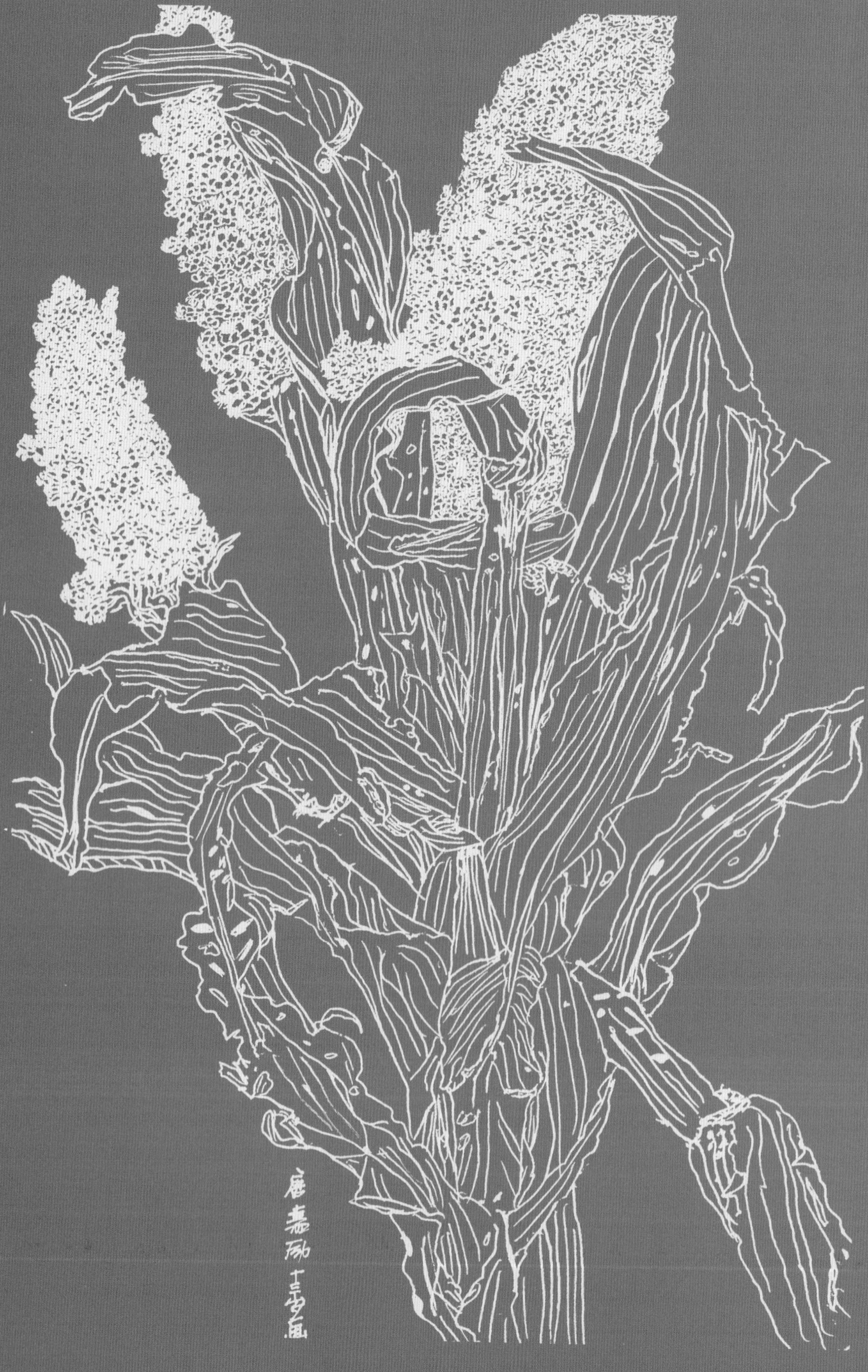
唐嘉励 十三岁画

我的美育之路：
以自然为师，以生活为教材

王晓野　吉林市龙潭区缸窑中心小学

我是王晓野，一名普通的美术教师，但我的人生因为一次支教的选择而变得不再平凡。从吉林市龙潭区第二实验小学到偏远的龙潭区金珠学校支教，我踏上了一条用美育浸润乡村、用艺术点亮孩子心田的道路。近十年的支教不仅是一段教育的旅程，更是一场心灵的洗礼和自我价值的实现。

一、初心与抉择：向美而行

"70后"的我在小山村里长大，对城市的憧憬和对艺术的热爱，都源于我的美术老师——吴秀芝。她常用画笔为我们描绘山外的世界，让我心生向往，也在我心中埋下了成为教师的种子。后来，我如愿考入师范学院美术系，毕业后进入吉林市龙潭区第二实验小学工作了20年。虽然取得了一些成绩，但教学上的瓶颈期和内心的呼唤让我开始重新审视自己的教育之路。

2015年我已经43岁，响应国家号召下乡支教，我顶着来自家庭的压力，毅然报名前往龙潭区金珠镇金珠学校

> 王晓野，吉林市龙潭区第二实验小学正高级教师，从教29年来，始终坚守美育教学一线。2015年，到吉林市龙潭区金珠学校支教，历时9年。2024年8月，到龙潭区缸窑中心小学继续支教，创办"山里红美术工作室"，通过网上授课让全国20万名乡村孩子享受到了优质艺术教育。出版中英文版《山里红美术教室学生作品精选》，曾获"全国优秀教师""中国好人""吉林省最美教师暨黄大年式好教师"等荣誉称号。

美育园丁

王晓野老师教孩子们画小羊

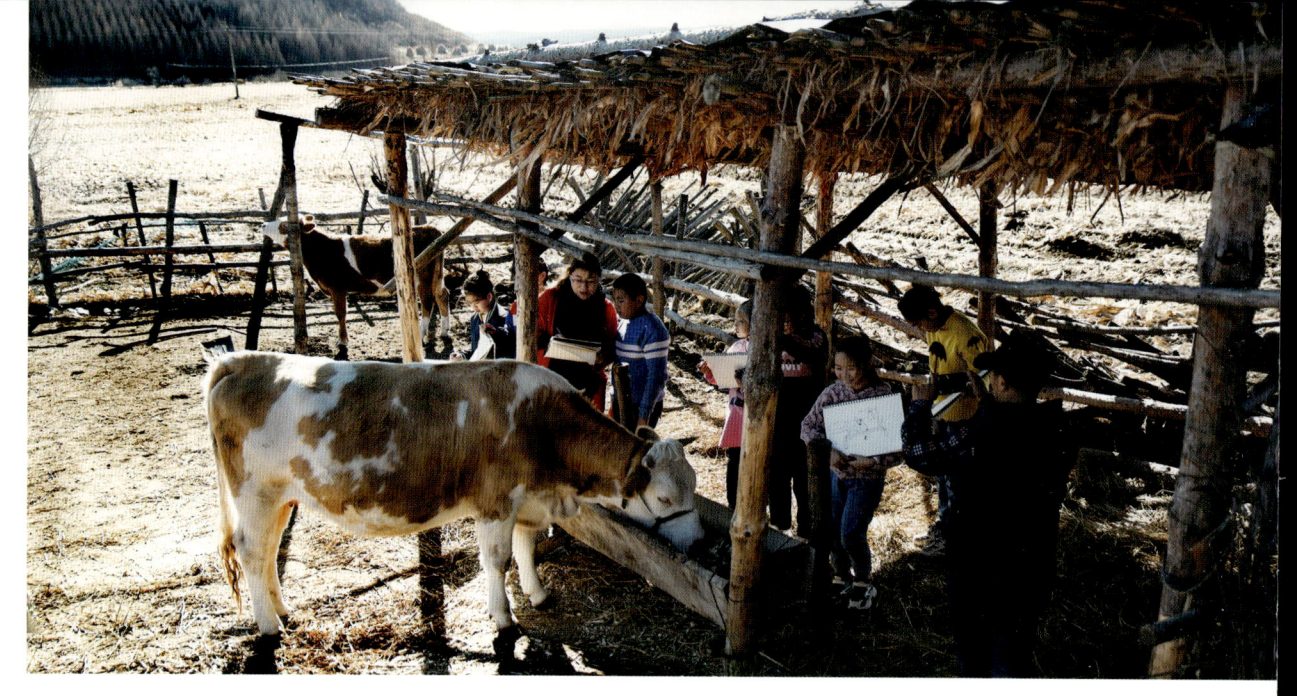

王晓野老师与孩子们在牛棚里写生

王晓野老师与孩子们在田间写生

王晓野老师在民俗教室里教孩子们画画

支教。初到乡村，村民们对我的到来不怎么理解，直言不讳："如果来的是主科老师该多好啊！学画画有什么用？种地也用不上！"面对孩子们好奇的目光和村民们的质疑，我没有退缩。我深知，自己不仅是为了教书而来，更是为了点燃孩子们心中的梦想，就像当年吴老师点燃我的梦想一样。

二、挑战与创新：以美培元

初到乡村，比起最初村民的抵触，现实条件更令我犯难。许多学生因家庭困难，只有教科书和写字用的笔，根本备不齐美术用品，如果按教材上课，大多数孩子只能眼巴巴地看着少数几个孩子画作业，坐等下课！我深知，必须调整教学思路，因地制宜，就地取材。于是，我萌生了一个大胆的想法——把乡村的自然资源和生活元素融入美术教学。

第一节美术课，我领着孩子们走进田间地头，采集他们熟悉的狗尾草；回教室后我们将狗尾草插入水瓶，于是一节别开生面的插花课就这样应运而生了；我鼓励孩子们用中性笔捕捉自己眼中的狗尾草，用黑白线条赋予它们生命，最后又将剩余的狗尾草编织成小动物。这堂课，我命名为"寸草绿童心"，它象征着即使是最微小的生命，也能在孩子们的心中种下美的种子。

一株株平凡的狗尾草变得妙趣横生！孩子们兴奋地说："真没想到美术课还能这么上，太有趣啦！"

第一节课的效果远远超出预期。孩子们不仅欣然接受了这样的学习方式，还焕发出对美术学习的极大激情。这让我看到了乡村美术教育的巨大潜力和无限可能。

我先向学校申请把一间堆满杂物的仓库收拾出来，布置成美术活动室，并将其命名为"山里红"。山里红，是北方田野里一种生命力极强的野生山楂，果实鲜艳且充满活力，象征着坚韧和希望。取这个名字，正是想为山里孩子带去一抹希望的红，激发他们对美好未来的向往。

三、四季更迭：以美润心

10年中我时常思考如何因地制宜，将乡村环境拓展为教学资源，为学生提供与生活紧密相连的美术教育。我带他们走出教室，走进田野，走进生活。

春天，我们采野菜，画野菜，吃野菜；夏天，捉蝈蝈，画蝈蝈，编蝈蝈笼；秋天，画水稻，画玉米，描绘丰收的喜悦；冬天，赏雾凇，做雪雕，在雪地上踩出大龙……丰富多彩的写生，让学生体验和感受到乡村的独特韵味与无穷魅力。

这种教学对学生身心健康产生极大影响，曾受轻微孤独症困扰的伊伊学画后变得开朗乐观，当他的画作被爱心人士购买后，他能更加自信地融入集体生活。

2023年，吉林市艺术中心为我们举办了"童画家乡"美术作品展，其中部分作品被爱心人士购买收藏，不少孩子主动将收入捐回美术活动室，希望能帮助更多山里孩子学习美术，实现爱的传递与延续。

2018年10月，王晓野老师为全国的乡村孩子上网络直播课

王晓野老师和孩子们在村口画蹦爆米花的叔叔

几年来我们创作了3000多幅作品，2019年在局领导的大力支持下，我牵头联系吉林人民出版社，为孩子们出版了作品集，画册被北华大学教授介绍到国外，在俄罗斯、希腊等国产生了广泛影响。

四、文化传承：以美育人

"以美育人"可以引导学生树立正确的民族观，培养家国情怀。我将教学活动和一些特殊节日紧密结合，如八一建军节，带领学生在苞米地就地取材挖取黄土，到小河边和泥，制作了飞机、大炮、坦克等泥玩具，还邀请村里退伍老兵教孩子站军姿、敬军礼，编排拍摄了一部主题为"山里娃军魂梦"的微电影，后来在吉林市电视台和"学习强国"中播出。

为了挖掘东北传统文化，我们在大屯村小学、缸窑小学设立了一间民俗教室，邀请村里的手工艺人走进课堂，为孩子们现场展示编鸡轱辘（鸡舍）、串糖葫芦等传统技艺。我还带着学生去村民家中实地体验——宋爷爷编土篮子、张奶奶家的母鸡孵蛋、刘姥姥摊煎饼都鲜活地出现在孩子们的速写本上。孩子们在观察与学习中，不仅感受到民间艺术的魅力，也加深了对家乡文化的理解和认同。他们学会了用画笔去描绘精湛独特的民间艺术，用色彩去渲染丰富多彩的乡村文化。美育实践活动让孩子们领略到民间艺术的独特魅力。

五、劳动与美育：以美为光

美育与劳动教育相辅相成。我利用学校对面的空地，开垦了耕地，让孩子们亲自参与种植和管理农作物。从土豆的播种到收获，从白菜的发芽到成熟，孩子们用自然笔记记录下农作物的每一个生长阶段。在劳动中，他们不仅强健了体魄，更学会了观察与思考，体会到劳动的艰辛与喜悦，从而更加珍惜每一份劳动成果，理解了"劳动创造美"的深刻内涵。后来有家长在校门口见到我，对我说："晓野老师，孩子跟你学习画画后，知道心疼我了，回家会帮我干活了。"我心里说，这正是劳动教育和美育融合的结果。

六、辐射与影响：美育之光

我的美育实践，不仅影响了金珠学校的孩子们，也通过网络的力量，照亮了更多乡村孩子的心灵。2016年，我开始尝试上网络直播课；2018年，我的公益课面向全国多个乡村直播。就这样，我的学生从30人、300人逐渐发展到30万人，我的乡村美育直播课从金珠走向了全国。

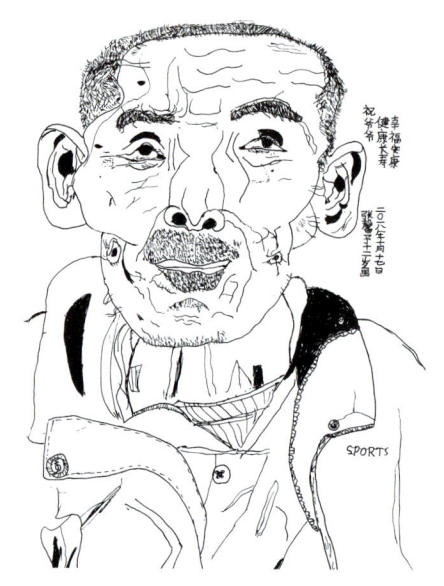

学生习作　张馨予

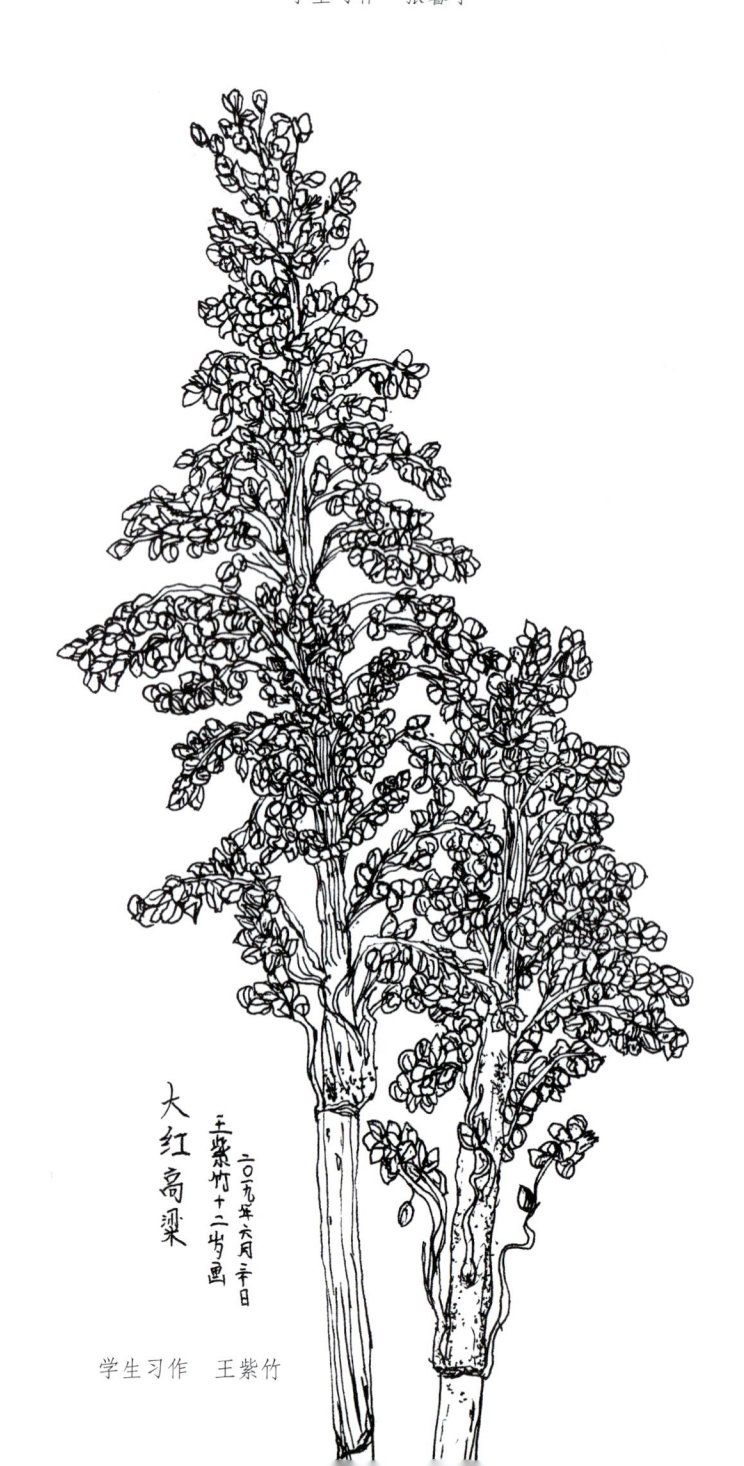

学生习作　王紫竹

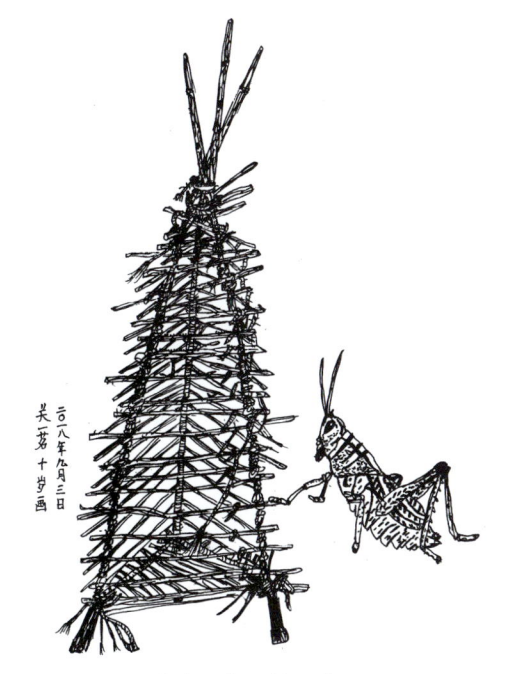

学生习作 吴一茗

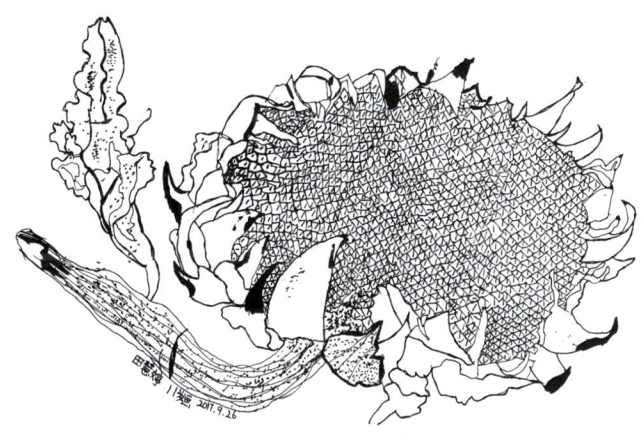

学生习作 田慧婷

学生习作 王紫竹

2021年六一儿童节,我应邀到贵州的一所小学送教。刚进校园,就被孩子们认了出来。"好像是晓野老师,是真的吗?我见到真实的晓野老师啦!可以给我签个名吗……"那一刻,我的眼睛湿润了。孩子们真挚的爱,坚定了我持续做公益教育的决心。

我们的故事,也引起了社会各界的关注。2018年,我带领学生参加了教育部举办的第三届全国基础教育信息化应用展示交流活动,孩子们的画得到了时任国务院副总理的孙春兰同志和教育部部长陈宝生同志的赞扬,并作为礼物被收藏。我们的故事《农村娃有才华》登上了《中国教育报》的头版。

七、当下与未来:美育的思考

10年支教生涯,让我深刻体会到乡村美育的独特魅力与价值。大自然是最好的课堂,生活是最好的老师。在乡村这片肥沃的土地上,只要我们用心去发现,用爱去浇灌,美育之花定能绽放出最绚烂的光彩。

当下,乡村美育仍面临着资源匮乏、条件有限等多重挑战。但正是这些挑战,激发了我们创新的动力。我坚信,每一位美术教师都能成为乡村美育的践行者。我们要用心去感受乡村的美丽与独特,用画笔去描绘乡村的美好故事,用艺术去点亮乡村孩子的未来。

未来,我将继续探索更多元、更有效的美育路径。我希望能够建立更多的"山里红美术教室",让更多的乡村孩子能够接触到艺术,感受到美的力量。我还希望能够推动乡村美育与城市美育的交流与合作,让城里的孩子与乡村的孩子能够相互学习、共同成长。

同时,我也呼吁更多的教育工作者能够关注乡村美育,共同为乡村孩子的全面发展贡献自己的力量。美育不仅关乎个人的成长与幸福,更关乎社会的进步与文明。让我们携手共进,为乡村美育的蓬勃发展贡献自己的智慧与力量。

美育浸润乡村,艺术点亮心田。这是我作为一名乡村美术教师的初心与使命。我将继续践行教育家精神,不断探索、创新,为乡村教育注入更多的活力和希望。即使退休,我也会响应教育部"银龄行动"的号召,继续坚守乡村,把我的一生献给乡村教育。因为我知道,美育的种子一旦在孩子们的心中生根发芽,就会绽放出最美丽的花朵,照亮他们的人生之路。

公开课 杭州

校园环境设计

李方　杭州市基础教育研究室

扫码观看
本课录像

一、公开课概述

2024年10月，在绍兴市上虞区博文小学承办的"浙江省2024年小学美术教学活动评审"中，杭州市育才实验学校俞达老师选择浙江人民美术出版社出版的《义务教育教科书 艺术 美术》六年级上册第三单元"美丽校园计划"中的第2课《校园环境设计》展开教学。前期准备阶段中，在西湖区教研员姜冰洁老师的带领下，育才实验小学美术团队与西湖区骨干美术教师共同出谋划策，并与俞达老师探讨了该课内容。俞达老师根据承办学校六年级学生的实际情况实施教学，在执教过程中得到专家评委和与会老师们的一致好评，获得一等奖。

二、设计思路

"美丽校园计划"单元对应《义务教育艺术课程标准（2022年版）》第三学段学习任务三"营造环境"，这一学习任务的教学重点是"引导学生学习设计师的思维方式和工作程序；帮助学生发现班级、学校、社区环境中的问题，收集素材，提出设计构想"，

俞达老师在教学现场

注重引导学生理解"设计能美化并改造我们的生活环境，同时让我们的生活融入艺术"。本课围绕"美丽校园计划"的主题，引导学生以手绘草图、制作立体模型的方式呈现设计方案，实施学校改造项目，并将改造过程和成果进行展示与交流。

本课的学习任务是"围绕校园文化，通过设计营造美丽的学习环境"。校园环境体现了一所学校的整体面貌和文化氛围，能让同学在良好的学习氛围中增强爱校情感。教材中有多组校园实景摄影作品，有五彩斑斓的四川美术学院美术馆外立面，有充满艺术气息和历史底蕴的中国美术学院的校园一角，有同济大学樱花盛开的俯视美景，等等。在本课我们面对着以下问题：如何关注身边熟悉的校园环境，树立主人翁意识？如何调查学校公共空间，并发现问题？如何结合学校文化，绘出设想？如何在有限时空中，展现出学生的想法，用美术解决问题，让学生体会学习美术的成效？将这样实践性很强的内容落实到一堂课，是一个不小的挑战，对教师的教学智慧有很高的要求。

本次美术课堂教学评审关注如何基于新课标和新教材探讨新教学。所有的"新"，目标指向是学生面向未来能力的培养，所以，解决路径也应该从学生的真实需求入手。40分钟的课堂，学生最关注的是什么？能解决一个什么问题？面对这样的难题，教师从学生的调研反馈和教材提供的素材中，找到了美化学校走廊这一切口，并作为重点学习内容展开教学。走廊很常见，可承载"六面空间"的探索性，也是学生互动的开放性场域，可以通过视觉的形式承载学校文化。基于以上认识，本课的设计者形成了以下教学设计的思维导图。

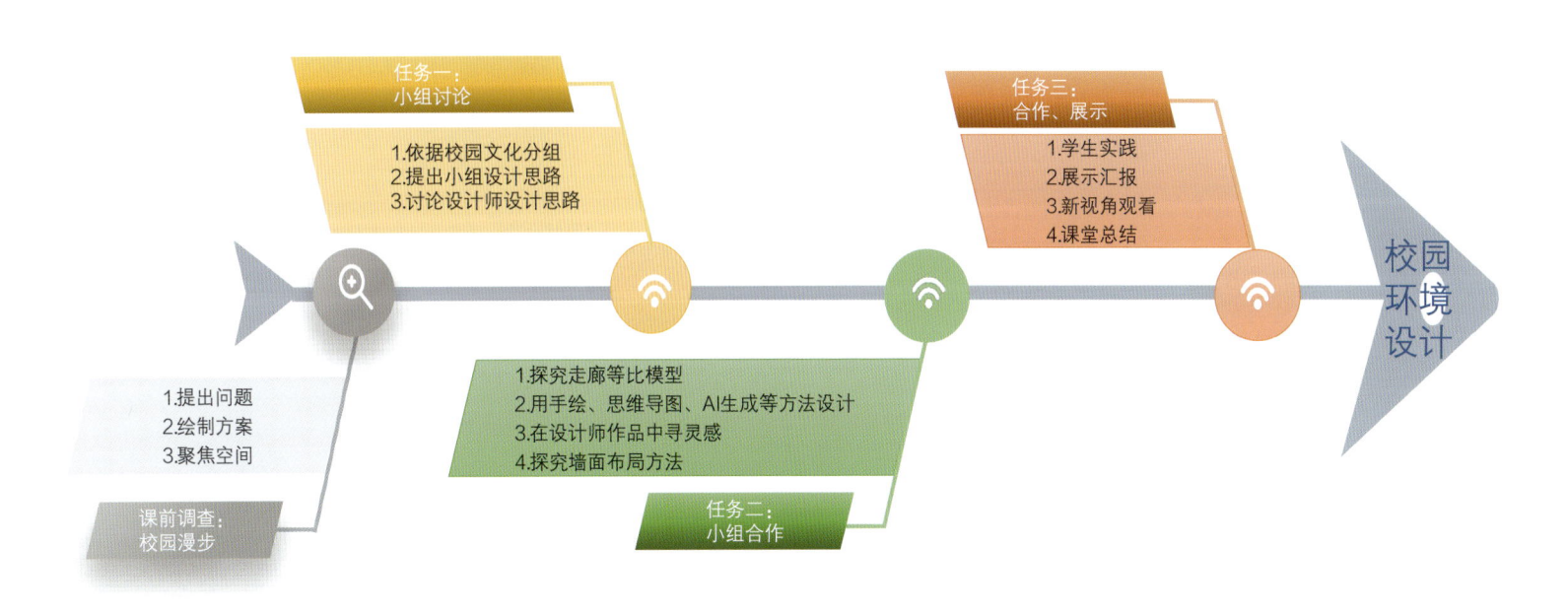

任务一：小组讨论
1.依据校园文化分组
2.提出小组设计思路
3.讨论设计师设计思路

任务三：合作、展示
1.学生实践
2.展示汇报
3.新视角观看
4.课堂总结

课前调查：校园漫步
1.提出问题
2.绘制方案
3.聚焦空间

任务二：小组合作
1.探究走廊等比模型
2.用手绘、思维导图、AI生成等方法设计
3.在设计师作品中寻灵感
4.探究墙面布局方法

校园环境设计

思维导图

1.建立从整体到局部的观察视角，前置学习任务

从学生课前对校园调查的高频词聚焦到校园走廊改造。教学中展示了校园鸟瞰图、校园整体布局设计图、校园局部景观照片，既增强了视觉冲击，激发学生探究的动力，也帮助学生明确了学习任务。

2.畅想设计过程，借鉴教材，拓展设计思维

教师唤醒学生已有认知，引导学生体验设计师的思维流程。教学中，学生探究等比缩小的走廊模型的特点，运用手绘草图的方法绘制思维导图，借助AI进行设计，以不同的设计方式体现解决问题的多维路径，再借鉴教材中走廊改造案例和一些经典设计作品，设想如何从色彩、布局和安全性等方面对学校走廊进行迭代改进，从而形成自己的改进方案。

3.提供丰富的材料与等比例模型，美化校园走廊

学习过程中，教师事先精心设计了有效的学习媒材——缩小的学生作品和一些装饰用的纸材等。在作业展示反馈过程中，有的学生说："我们走廊的主题是博文艺术，选用了绿色作为主色调，绿色代表生机；布局也有疏有密。"有的说："我们运用AI设计了科技长廊，取名为'科学影院'，里面最有特色的是投影。在布局上，我们用了不同深浅的蓝色条纹并使之与地面上大块的蓝色相呼应，体现探索宇宙的科技感。"通过学生的反馈，教师可以观察到他们对色彩搭配、布局和安全性等都有充分的考量。

板书

教具模型

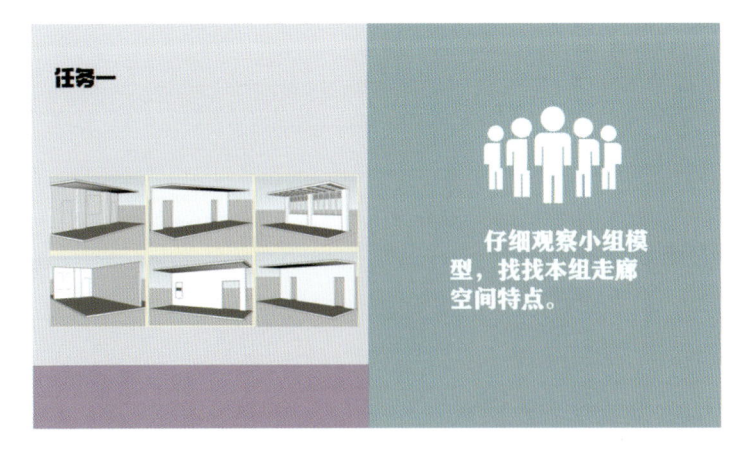

4. 借助小车的镜头呈现走廊环境，评价视觉表现

在作业展示反馈活动结束后，教师用童话般的语言引导学生："老师一米九的个子变得很小很小，来到了同学们设计的走廊上，并用手机拍下了整个游览过程，通过大屏幕，大家可以和我一起漫游其中。"运用小车车载摄像头拍摄走廊模型，同时投影到大屏幕上，让学生在观看时，也仿佛置身在自己设计好的走廊中。这种形式带给学生独特的视觉体验，也是对他们学习成果的肯定，是表现性评价的一种有效运用。

三、教学亮点

1. 真实问题，体现以生为本

我们提倡问题情境教学，提倡从真实生活中发现问题，需要理解教材内容背后的逻辑并活化应用。参加公开课比赛的老师往往都是异地借班上课，所以需要尽可能地了解学生的学情和需求。本课没有完全就教材文本展开教学，而是根据教材内容设计了调查表，事先去承办学校，就校园设计的情况对学生进行实地问卷调查，以视频回顾和提取高频词的方式，巧妙地将学习重点聚焦到了走廊这一学生经常使用的公共场所，明确了学生的真实需求，同时也是单元化教学中对前一课学习内容的呼应。

2. 有效学具，凸显学科实践

常态教学提倡平实、可推广，而公开课就如时装秀，它既体现理念，也具有引领性和未来性，还是一种理想化的课堂展示……为增强学生学习兴趣和教学有效性，应尽力为学生提供必需且有效的学具，这也是一种教学智慧。

本课的学具无疑有很大亮点。如果以一座冰山进行比喻，教师的课前准备（教学设计、学具准备、座位布置等）就是那隐性的巨大山体。本课隐性山体的实体依托就是等比例缩小版的校园走廊。

从学习者的角度来说，学生一走进课堂，就自然而然知晓了学习任务——设计走廊。走廊模型这一新奇好玩的道具，成为驱动学生学习的动力，促使学生不断地在课堂中积极主动地获取学习资源，以达到"玩"好这个大玩具的目标。

从教学者的角度来说，本次教学需要在规定的教室中完成，又需要达成依托校园环境进行设计的学习目标，是很有难度的。制作等比例的走廊作为学具，让这两者之间达到了平衡。并且，从课堂一开始展示的校园俯视实景图，到设计图的视频，再到等比例走廊模型，这些教具和学具让学生形成了校园真实场景从整体到局部的方位视觉印象，建立了多样的视觉感知，拓宽了学生的观察视角。

3.公共感观，养成利他需求

学生观察等比例缩小的走廊空间后，能够关注走廊特有的消防栓等细节……他们既了解了空间的多维度，又关注到空间的公共性、差异性和独特性等。这种空间感的建立，有利于学生在生活中将体验迁移到其他空间。

从不同维度美化装饰走廊，培养了学生转换视角来观察身边的公共空间，以多种身份介入日常的公共空间的能力，助推学生由察觉自我需求向观察他人需求的心理转变。

四、教学反思

1.提倡单元化教学的"慢"体验

若是进行常态教学，依据本课内容，第一课时让学生进行校园调查并设计方案，第二课时可实地尝试实践；或者根据学校或班级活动进行走廊布置的项目化学习。提倡单元化教学的另一种意义是让学生多一些时间，慢慢感知，真实探究，允许学生不完美，甚至经历失败。

小车

学生现场操作

小车载着带摄像头的手机拍摄学生作品

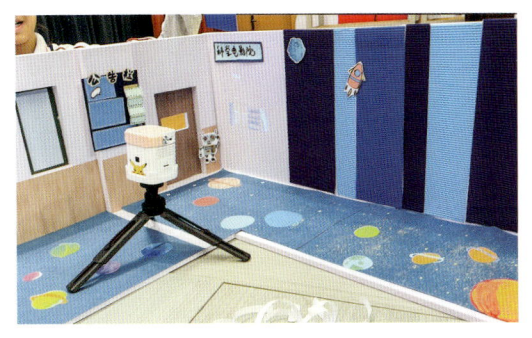

学生习作

学生习作

学生习作

2.倡导生成式课堂的"精"引导

本课设计走廊的公共空间，预设了色彩、布局和安全等设计要素。在具体教学中，这些要求是开放的、多变的，教师倾听学生回答后需要合理引导，关注教学生成。如学生提到了一个很重要的公共空间设计——布局。布局包含了动线、形状、比例、开放性与封闭性等问题。如果有可能，允许学生有更多的探索，探究在校园空间的公共性与学生需求的个性化之间如何做出的取舍；如何围绕体现走廊"空间特点"的窗户、墙面、吊顶等建筑构件以及走廊所处的空间位置等作深入引导；等等。

基于"双新"的公开课，在正确的教育理论引领下，不仅要深入把握教学内容的专业性，更要尊重学生，体现教学的智慧和创新，这需要我们不断学习，不断成长，以一个更加开放的心态拥抱课程改革，拥抱社会的变化……上好一节课，不仅仅要"显性"的冰山，更需要关注水面之下"隐性"的冰山。

学生习作

公开课 慈溪

色彩乐曲
——时间艺术与空间艺术的交融

熊雪青　慈溪市教育局教研室
王嘉乐　慈溪市第四实验小学

扫码观看
本课录像

  探索色彩的丰富性和表现力，是美术课堂中重要的学习内容，浙江人民美术出版社出版的《义务教育教科书 艺术 美术》三年级上册第二单元的"五彩斑斓"就是以探索色彩为核心内容的主题单元，该单元旨在引导学生了解三原色、三间色、邻近色和对比色，探索使用不同工具和笔法所呈现出的色彩变化和表现力，并表达自己的感受。而《色彩乐曲》是这一单元的起始课。2024年10月25日，在绍兴市上虞区博文小学举行的"浙江省2024年小学美术教学活动评审"中，慈溪市第四实验小学的王嘉乐老师选择《色彩乐曲》一课进行了教学展示。慈溪美术教研团队在准备的过程中，既有初识教材时的喜悦，也有磨课时的困惑，通过两周时间的学习与打磨，最终呈现了令人满意的课堂教学，在整个过程中他们也颇有收获。

王嘉乐老师在教学现场

一、教材解析，找准定位

《色彩乐曲》作为三年级色彩单元的起始课，承担着三原色和三间色知识的教学任务，教材中选用了康定斯基和蒙德里安的代表作品作为欣赏内容，基本给本课的作业方式定下了基调，即用抽象表达的方式进行艺术表现。教材中给出的学习建议是"用色彩表现一段你喜欢的乐曲"，引导学生"用不同的颜色、笔触、块面等，表现音乐般或缓慢或激昂的节奏变化，以及欢快、优美、低沉、伤感等不同感受"。对比上一版教材可以看出，此课的内容是将上一版教材中三年级的《三原色和三间色》一课与五年级的《画音乐》一课进行了融合。在之前的教学经验中，《三原色和三间色》与《画音乐》各自的教学内容都很饱满，一节课的时间用起来也非常紧张，那么如何把两个知识点同时放入一节课中开展教学？这是一个巨大的挑战。

教师技法演示之一

教师技法演示之二

初次试教，慈溪美术教研团队采用同课异构的方式安排了三节课的教学，但发现三位老师基本都忽略了对三原色、三间色知识与技能的实践，而把教学重点放在听音乐表现抽象绘画上，很显然大家的思维被禁锢在上一版教材的《画音乐》一课中，但这一课内容作为三年级美术课的教学重点显然是不妥当的。对于音乐在此课中的作用，磨课团队也产生了较大的分歧，一部分教师认为，此课教学中音乐是灵魂，所以倾向引入乐器与乐曲，让学生始终围绕对音乐的感受展开丰富的联想。但宁波教研员陶育义老师强调音乐只是媒介与灵感来源，重点并非让学生被动地听音乐来画出感受。于是，团队老师再一次细读教材，通过对比，我们发现新版教材的《色彩乐曲》与老版教材的《画音乐》中的文字表述虽然接近，但还是有些许不同。尤其在《色彩乐曲》一课中有这样一段话："红、黄、蓝、橙、绿、紫等颜色组合在一起，如乐曲一般有节奏和旋律；而音乐也能像绘画一样，为我们呈现美的画面。"这段话很好地解释了音乐与绘画形成的通感，即音乐是流动的绘画，而绘画是凝固的音乐。因此题目中的"乐曲"不应该简单理解为听觉音乐，而是指向视觉音乐，即如同音乐一般的画面，至此我们对教材的认知清晰起来。

学生课堂活动之二

学生课堂活动之一

学生习作 　　　　　　　　　　　　学生习作 　　　　　　　　　　　　学生习作

二、阅读经典，获取灵感

慈溪美术教研团队成员马上老师曾经在2012年浙江省小学美术课堂教学评比活动中执教了《色彩的世界》一课，后又代表浙江省参加了2014年全国中小学美术课交流活动。同为色彩课，马老师和团队成员在磨课过程中也同样有过如进入迷雾一般的困惑时期，最后大家在书籍中获取了破解难题的密码，因此在此后的磨课中阅读相关的文献和经典作品成为团队成员的习惯。只有吃透相关的知识，才能在教学中做到深入浅出。

在此次的磨课过程中，抽象艺术的先驱和美术理论家康定斯基依然是我们的幸运密码，我们阅读了《艺术中的精神》和《点·线·面》等书籍，了解了康定斯基从具象到抽象转型的思维过程，认识到他对形、色的结构方式和其产生的艺术效果的追求，以及他在音乐中获取灵感，借助艺术的联觉能力开展艺术创作的过程。文中他对各种颜色能够引发的音乐联想进行了描述与解读，通过对色彩与音乐的联系的分析，让人们能够"聆听"绘画，"描绘"音乐。正如他所说："颜色是直接对心灵产生影响的一种方式，色彩是琴键，眼睛是音槌，心灵是绷满弦的琴。"在阅读中我们逐渐理解了康定斯基用色彩与点、线、面营造的画面节奏与韵律，以及对诸多作品用交响乐命名的用意。而我们也逐渐拨开迷雾，教学设计的条理变得清晰起来。

三、打通逻辑，形成架构

通过讨论与实践打磨，我们最终确定了"听见·色彩""看见·音乐""色彩·乐曲"三大篇章的教学架构，并将三原色、三间色和用色彩表达乐曲等知识和学习内容有机地融合起来。

1. 第一篇章——听见·色彩

这一篇章中我们运用了三个音乐片段来引出红、黄、蓝三原色，为了让学生能够对音乐的色彩联想有清晰的感受，我们请教了音乐老师，以帮助我们一起选择教学的音乐作品。第一首，我们选择用吕其明《红旗颂》中的音乐片段来引出红色；之后我们选择了柴可夫斯基的芭蕾舞剧《天鹅湖》第二幕中的《场景》音乐片段，双簧管动人的音色温柔而略带忧伤感，与前面一段慷慨激昂的乐曲形成了明显的反差，自然会让人联想到蓝色；最后出示的黄色已经没有悬念，所以不再让学生进行听音猜测，但在选音乐时我们结合了康定斯基在《艺术中的精神》一书中对音乐的描述，选用了意大利作曲家威尔第的《凯旋进行曲》中一段经典的小号——小号音色辉煌明亮，犹如金黄色的阳光一般，声音穿透耳膜的同时也通过联觉点亮了眼眸。

听音选色的环节中教师对涂色工具做了精心的挑选，最终选择了海绵、刷子和喷壶这三种工具，分别对应着点、线、面三种造型元素，喷壶适合营造大块面，海绵适合画出点和小块面，而刷子主要形成线条。同时也考虑到舞台上的展示课作业需要大画幅，所以工具都比日常所用的大一些。三种原色互相交融，自然形成间色，顺利地引出了三间色的知识点，并通过练习让学生开展了间色的调色练习。学生练习以后形成色卡组画，教师引导学生对画面进行音乐联想，用AI软件扫描画面的方式将画面转换成音乐，通过技术支持让学生直观感受到艺术间的关联，并由此进入下一个篇章。

2. 第二篇章——看见·音乐

第二篇章"看见·音乐"中看的内容不再是一种种独立的颜色，而是一幅幅画面。在这一环节中，教师首先出示乔晓光的《月光曲》，赏析作品时，采用局部切入的方式，将学生的目光引向画面中的色调与点、线、面的构成，最后再呈现完整的画面，同时播放贝多芬的《月光曲》片段，让学生在音乐的烘托中感受画面中的节奏与旋律，深切体会到看一幅画就如同聆听一首乐曲。教师紧接着出示了康定斯基的《印象3号·音乐会》，这

学生习作（局部）

幅作品是康定斯基完成的第一幅音乐油画，是在听完音乐家阿诺尔德·勋伯格的演奏之后的创作，画面中的大色块极具视觉冲击力，尤其是黄色的使用，大面积浓烈的明黄色浪潮表现出音乐会现场的浓烈氛围与激荡的情感。教师引导学生对比彩色画面与黑白画面，让他们感受到强烈的反差，从而进一步感受画面色彩的力量。之后教师通过课件展示康定斯基的其他抽象作品，引导学生进行欣赏。这里教师选择了不同色调、不同构成的画面来进一步拓宽学生的视野，同时让学生感受到视觉音乐的魅力。

3.第三篇章——色彩·乐曲

在公开展示的美术课中，如何选择创作材料，如何展示学生作业，通常是让教师备受困扰的问题，此课的教师也不例外。色彩乐曲的创作环节中，教师在试教中曾选择透明的亚克力板、水彩纸、素描纸等绘画材料作为学生创作的作业纸媒材，但在创作速度和展示效果上不尽如人意，如展示时颜料会大面积流淌。经过多次尝试后，教师最后选择了用于国画创作的半生熟宣卡纸，这种纸张在吸水、渗透、晕染等方面都有不错的表现。为了避免学生反复涂抹，导致画面出现灰、黑、脏等现象，教师选取的纸张尺寸为68cm×34cm，同时将给学生的作业纸从每人一张增加到每人两张，让学生有更多创作空间，作业展示效果也明显提升。在学生开始创作之前，教师通过播放微课视频的形式进行示范，介绍更多滴、洒等创作技法，同时也展示了试教时的优秀作业，从最后的教学中可以看出，这一个环节为学生的成功创作起到重要的启发作用。

学生习作

学生习作 　　　　　　　　　　学生习作　　　　　　　　　　学生习作

在创作环节背景音乐播放方式的选择上，磨课团队也做了多次的尝试，起初为了让各组的学生有不同的选择，为每组提供一个蓝牙音箱，但在实际教学中发现这样的做法会让课堂变得非常嘈杂，所以最终选择了全班学生在创作时共同欣赏一首曲子的形式。在乐曲的选择上，磨课团队通过反复聆听，最终选用了瓦尔德退费尔的《溜冰圆舞曲》。曲子由序奏、四段小圆舞曲和结尾组成，音乐非常形象化，能让人联想到流畅而旋转的线条，如同冰面上人们优美舒展的姿态，而不同的片段之间又有丰富的变化，也可以为学生提供不同的灵感。

创作过程中，我们看到学生在音乐声中都非常投入地进行创作，有的站着，有的坐着，也有学生把卡纸放在地上画，大胆地尝试各种画材，画笔如舞步一样在纸面上旋转，绚丽的色彩在画面上流淌、交融。作业展示更是精彩纷呈。课至尾声，教师用事先准备好的背式支架将学生的作业立起，摆满整个舞台，效果非常震撼，就如同一首交响乐在舞台上演奏。最后教师通过播放课件出示总结的内容："用耳朵去听见色彩，用眼睛去看见音乐。音乐是流动的画面，绘画是凝固的旋律。"以此来结束课堂，整个教学过程中教师虽未提"通感"一词，但学生已然在课堂中得到了充分的体验。

四、点评总结

1.巧构思：此课的教学内容看似简单，像是一场色彩游戏课，但实则并不容易把控，课中的知识点较多，同时涉及音乐与美术学科之间的跨界和通感等知识，教学中往往会走向过于粗浅的听音玩色游戏或者过于玄虚的联觉解读这两种误区。王老师对此课的设计，采用了三大篇章的形式，从听见色彩到看见音乐，最后表达色彩乐曲，巧选素材，让学生真切感受到音乐与绘画中共通的心灵体验与共同追求的节奏与韵律之美。通过AI技术为画面配音乐的这种方式，也让学生直观地感受到艺术之间存在着关联与互通。

2.重体验：这节美术课的独特之处在于，教师不断调动学生的听觉来唤醒对艺术的感知，所以课程中需要学生做一个很好的聆听者和观察者。王老师是一位具有亲和力和松弛感的美术老师，课堂上他与学生的互动流畅自如，听音环节中他会提醒学生闭眼静静聆听，通过这样一些方式引导学生浸润于乐曲之中，观看画面时同样可以通过对细节的发现引导学生真实而又充分地体验，这样学生在作业

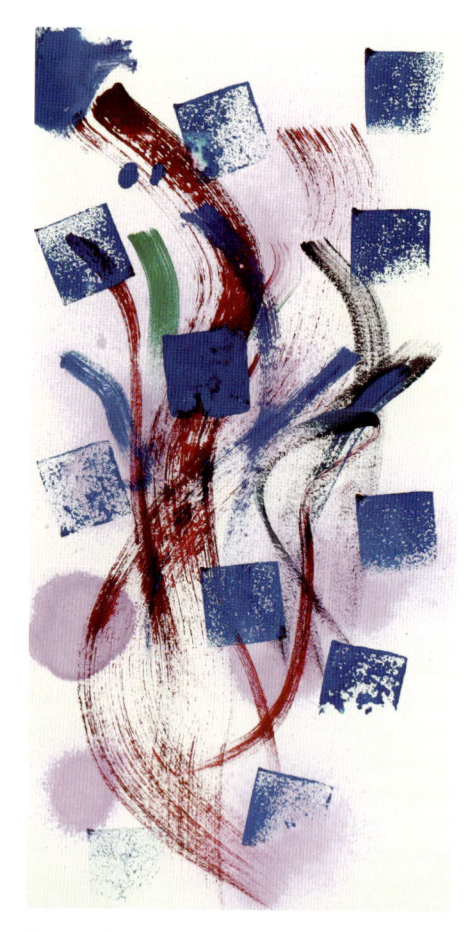

学生习作

学生习作

中才有更为出色的创作表现。

3.美展示：此课中教师为学生提供了多样的创作材料，并采用了大画幅的创作方式，从学生大胆且放松的创作过程中可以看出三年级的学生完全可以驾驭这些材料。作业展示环节，教师提供了简易支架，让学生可以将自己的作品更好地展示在舞台上，效果简洁而又美观，也让学生在观看自己的作品时能获得满满的成就感，让学生的艺术表达能力与审美感知能力得到同步提升。

学生习作展示

学生习作整体展示

我们是祖国的花朵

郑士龙　台州市教育教学研究院
张适频　台州市临海杜桥镇第二小学

扫码观看
本课录像

一、公开课概述

本课例是根据浙江人民美术出版社出版的《义务教育教科书 艺术 造型·美术》二年级上册的《我们是祖国的花朵》一课设计的，在2024年10月举办的"浙江省2024年小学美术课堂教学活动评审"中获一等奖，施教对象为绍兴市博文小学二年级学生。

根据《义务教育艺术课程标准（2022年版）》（以下简称《课标》）对美术学科第一学段"参与造型游戏活动"学习任务的教学策略，课程"应体现综合性，加强与1~2年级学生生活经验的联系，指导学生进行造型表现活动……促使学生初步形成综合探索与学习迁移能力；注重引导学生理解'造型游戏活动能促进知识、技能的有效迁移'。"

"参与造型游戏活动"是《课标》的全新学习任务，"花朵与园丁"单元是其构成内容，如何让学生在造型游戏中体会"美术可以用来表达爱的情感"这一观念，对于教师的教学设计来说是一个巨大的挑战。本课通过引导学生参加多种造型游戏，探索用多种材料、方法表现花朵，从而让学生认识到可以用艺术的方式表达祝福和对未来的创想，并学会制作立体花朵作品。教师通过学生观察、小组讨论、问题反馈和自我评估等学习活动，有趣、有序、有效地开展教学，实现"教—学—评"一体化。

张适频老师在教学现场

二、设计思路

（一）教学内容

我们是祖国的花朵

大观念：美术可以用来表达爱的情感。

基本问题：你会做一朵什么样的花来代表自己呢？　　**核心任务**：学习制作立体道具并进行造型游戏，增进师生感情。

自然之花	你都认识哪些花儿？	感知花的魅力	欣赏大自然中不同种类的花。
创意之花	生活中的物品可以组成怎样的花？	了解花的结构	用生活材料拼摆造型丰富的花。
智慧之花	用身体可以摆出什么姿态的花？	探索花的姿态	用肢体组合成姿态各异的花。
奇"艺"之花	花儿奇特在什么地方？	创造独特的花	用多种材料创造属于自己的花。

学生习作　　　　　　　　教具——奇特的花　　　　　　　　学生习作

(二)教学设计

1.学情分析

二年级的学生想象力丰富,对于身边的美有所感知,具有较强的创作和表达欲望,并能利用身边的材料进行创作,表现生活中的一些事物。依据《课标》,"参与造型游戏活动"的学习任务强调让学生在班级或小组开展的造型游戏中初步形成综合探索与学习迁移的能力。因此,本课选择通过游戏导入和情境创设的方式使课堂更加趣味化、情境化,让学生快速进入情境,激发学生的学习兴趣。本节课的学习情境是将学生带入自然中,引导他们观察与感受自然中的花朵,了解花朵的结构,进而展开综合探究,通过用身体模仿、表演等活动,锻炼学生的学习迁移能力。

学生习作

学生习作

学生习作

学生习作

学生习作

学生参与造型游戏活动

学生参与造型游戏活动

学生参与造型游戏活动

2. 材料道具

本节课用到的材料主要分为两类。第一类，是生活中常见的物品，如工具（老虎钳、锤子）、零食（棒棒糖、雪碧、"奇多"）、器乐（手摇鼓、铃铛）等。教师引导学生利用这些常见的物品进行拼摆，拉近学生与学习内容的距离，让学生在合作、拼摆中认识到原来生活中常见的物品通过不同形式的组合能变成有趣的"智慧之花"。第二类，是不同的美术材料（彩泥、扭扭棒、纽扣、皱纹纸、玻璃纸、毛球、彩色夹子等）。这些材料的使用进一步让学生感受到美术材料的丰富与多样，以及美术的多种表达形式，从而激发学生对美术学科的热爱，培养学生的创造力。

三、本课亮点

（一）聚焦"游戏"情境，创设近生情境

生活中的情境和艺术实践活动的融合，能很好地将学生的情感知觉转化为可视形象，创造多角度的探索空间，帮助学生更好地理解和迁移知识。本课采用了沉浸式的情境，并将情境的创设贯穿整个课堂。情境一是"将生活中的小花园搬到课堂上"，引导学生将手中的花儿"种"到"小花园"中，身临其境地体验种花的乐趣；情境二是"请学生扮演一朵花儿"，引导学生认识花儿的结构，并用肢体展现花儿的各个部分；情境三是"请三名学生演示花朵绽放的过程"，借花朵绽放这一形式让孩子展现自己的个性。三个情境层层递进，让学生在学习中感受种花之乐、结构之妙、绽放之美。

（二）聚焦"游戏"过程，提出驱动问题

我们是祖国的花朵，老师是辛勤的园丁。老师用知识和爱浇灌我们，让我们茁壮成长。本节课围绕"你会做一朵什么样的花来代表自己呢？"这个核心问题展开，并由此问题生发出多个小问题。例如：由问题"你都认识哪些花儿？"引发学生思考，唤醒学生脑海中对花朵的印象，从而拉近学生与学习内容的距离；由问题"花儿是如何生长的呢？"启发学生思考如何用身体表现一朵花，感受花朵的生长故事；让学生带着"生活中的物品可以组成怎样的花？"这一问题，探究花朵都有哪些形状；引导学生通过思考"花儿奇特在什么地方呢？"来发现创造美的方法。这些问题让学生在观察、思考、分析、讨论的过程中，逐步探究如何制作立体道具并进行造型游戏。

教师服装

学生参与造型游戏活动

学生习作

（三）聚焦"游戏"媒材，探究合作之趣

本节课教学中多次运用小组合作的方式开展学习活动。合作学习对培养学生的核心素养具有重要意义。

合作学习活动一：用身边的材料拼摆出一朵创意之花，并说出灵感。

生活中常见的物品出现在了美术课堂上，对于学生而言是新奇、有趣的。有些小组选择全员合作拼摆出一朵花，有些小组选择呈现一组造型多样的花儿。从拼摆的成果看，每一名学生都对此项学习任务进行了深度的思考及不断的尝试。这项学习活动能够快速激发学生的内驱力，有利于学生高质高效地完成活动任务。

合作学习活动二：小组合作用身体摆出不同姿态的花朵。

学生习作

学生习作

学生习作

学生习作

学生习作

学生习作

学生习作

学生习作

学生习作

26

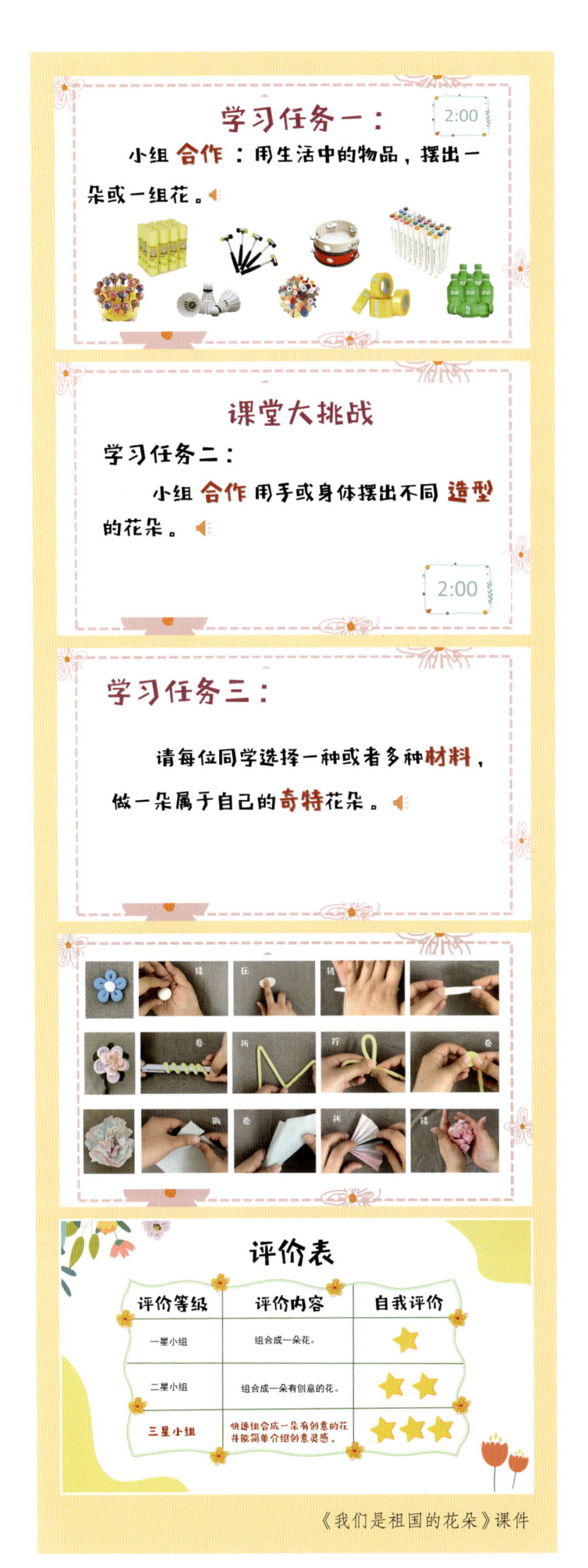

怎样让每一个学生都能真正融入美术教学活动中？在第二个学习活动中，教师组织学生以小组为单位用身体拼摆一朵花，让每一名学生都化身成花的一部分，引导学生探究花朵不同造型的变化和组合。在合作组成花朵时最为积极的学生承担起指挥的工作，指导每一个成员的动作，每个组员都尽力保持动作的一致性，让本组的花"开"得最灿烂。当每名学生都成为小组中不可或缺的一部分时，无形中就提高了学生的活动参与度。这样的小组游戏活动能让学生在愉悦的情境中潜移默化地学习美术知识与技能，并锻炼沟通合作的能力。

（四）聚焦"游戏"体验，分享感悟

在课堂教学中，"说"成了不可或缺的一部分。对话式的教学模式拉近了老师与学生、学生与学生之间的距离。在导入阶段，让学生看老师们小时候的照片，并让学生猜猜他们是谁。这项活动让学生感受到老师曾经是祖国的花朵，而自己是新时代祖国的花朵，进而调动学生的情感，引导他们思考："你想把这朵花儿送给谁呢？"让学生畅所欲言，表达心中的情感。

多元评价能推动对话式教学更好地开展。在两次的合作学习中，学生自评时会详细描述本小组摆出的花儿有哪些特别之处，小组成员也能及时地进行补充。在互评阶段，其他组的学生会积极地提出自己的看法。这样的对话课堂不仅能让每一名学生都有机会说出自己的想法，也拓宽了学习的深度和广度。

四、教学反思

本节课将"我们是祖国的花朵！"这句话，通过各种情境的创设深深地植入学生的心中，通过创作花朵来表达自己的个性和情感，树立作为祖国未来建设者的责任感和使命感。在课堂中以小组合作形式进行探究，学生自主讨论、自主探究，积极性、主动性被充分调动起来，在对话与倾听中主动发现生活中的美，把创意融入生活。在创作环节，学生对用多种材料进行创作表现出了极高的热情。在将来的教学活动中，教师需要挖掘更多种类的材料来激发学生的创意思维，更好地呈现教学成果。

《我们是祖国的花朵》课件

印痕之美，凹凸成趣
——临平一小"小浪花"综合版画拓展课程

张丽娟　杭州市临平区教育发展研究学院
卢燕　杭州市临平区临平第一小学

一、课程缘起

杭州市临平区临平第一小学以"为每一个孩子创造美好的未来，让每一个孩子留下幸福的童年回忆"为办学理念，努力培养"博学、乐观、坚韧、合作、进取"的"浪花少年"。"小浪花"儿童综合版画课程是学校依据自身办学理念、办学特色以及资源状况开设的，是学生自主参与的，以体验性实践活动为特征的美育课程。学校通过开设这门版画拓展课程，丰富了学生的艺术类课程学习体验，营造了良好的校园艺术氛围，推动了学校"艺术特色教育"的发展。

二、课程概述

（一）课程内容

版画是一种印痕的艺术，通过制版和印刷这两个环节传递作品的印痕之美。近年来，一些新型材料的出现促进了版画新技艺、新方法、新样式和新观念的产生。"小浪花"综合版画课程在实践环节会使用一些新型板材（如KT板、PVC软胶板、雪弗板等）进行刻、划、凿和印制，使用这些板材与使用传统的木板获得的印制效果相似，也能产生出丰富的肌理效果。

社团课教学现场

版画课程学习活动

1. 画稿 　　　　　　　　　2. 刻制 　　　　　　　　　3. 刷墨

4. 教师个别指导 　　　　　5. 欣赏评述 　　　　　　　版画拓展课学习场景

草鞋　郁欣怡

（二）实施情况

自2010年以来，学校成立了版画社团，在每学期周三下午安排了2课时，一学期共计26课时。该课程实施10多年来，教师积累了一定的教学与创作经验并取得了初步成效。为了实现由点到面的普及，学校设计和启动了"小浪花"综合版画课程，在合适的年级推广实践，该课程目前被评为"第八届浙江省义务教育精品课程"。为了进一步提升课程的教学质量和学生的学习体验，学校为该课程配备了两位版画专业教师。同时，学校改造了两间教室作为版画专用教室，并购置了版画专业工具和相关教学设备，为学生提供了良好的学习和创作环境。

三. 课程亮点

（一）材质适宜创作

"小浪花"综合版画课程的内容涉及对各类新型材料的使用。在教学活动中，学生运用不同的媒材进行创作，能感受到各类媒材产生的特殊艺术效果，体会版画的魅力。与传统木刻版画相比，"小浪花"综合版画课程设计在板材材质的选择和使用方面着重考虑以下特征与优势。

1. 便于刻制

PVC软胶板属于一种同质材料。它不像木板受纵横木纹的牵制，在其上刻制时方便省力，可满足不同刀法的刻制需求，刀触圆润；KT板轻便柔软，适于小学低段学生刻制。通过刻、铲可以使板材形成丰富的层次，只要掌握合适的力度，用刻刀铲除需要刻去的部分即可。这两种材料易学易刻。此外，雪弗板等材料也适合学生进行版画创作。

2. 画幅自由

相较于木板，PVC软胶板、KT板和雪弗板等板材裁切更方便，这有利于师生灵活安排作品的画幅大小。在课程实施的过程中，学生既可创作方寸间的小幅精品，亦可合作完成大气磅礴的巨幅主题创作。

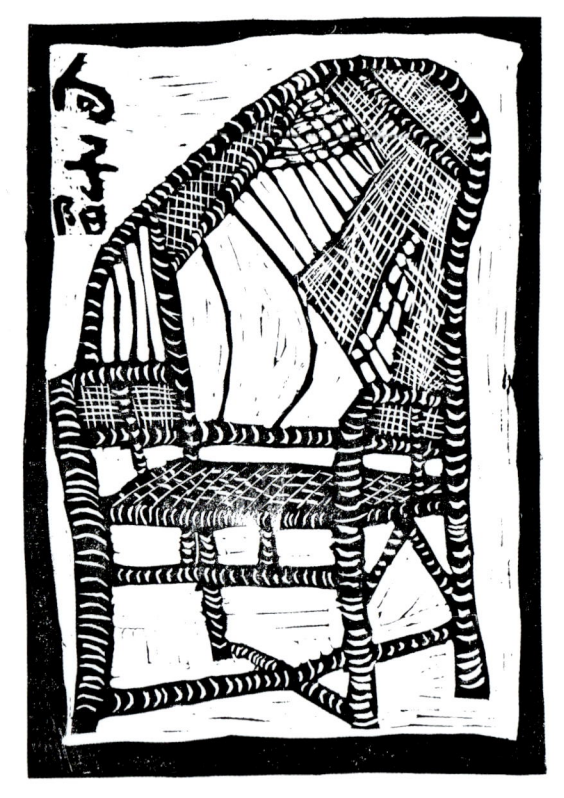

椅子　向子阳

筑梦临平，畅想未来　版画社团集体作业

骑车　曹宜佳

3. 显色清晰

PVC软胶板、KT板和雪弗板这些材料一般以白色、浅绿色为主，师生可以直接用黑色记号笔起稿。刻制时，未刻部分和已刻部分色彩对比明显，版画的画面特点已初步呈现。这让学生在一节课内完成版画制作的全部过程成为可能，也为综合版画的推广应用提供了重要条件。

4. 技法多样

根据不同板材的材料特性使用不同的刻制技法能丰富版画的肌理效果。雪弗板坚硬，利用圆口刀、三角口刀能较好地表现出木刻的刀味；PVC软胶板顺滑，刻制时交替使用各种刻刀，能创造出丰富的画面效果；KT板绵软，刻制时在板面上进行刻、挖、压，能够在印制时留下各种印痕。总之，根据材料特性使用合适的技法，可在版面上呈现出不同的刀味与肌理感，增强综合版画的表现力。

（二）融入文化元素

1. 深度挖掘地域文化

临平区地处江南水乡，拥有深厚的历史文化底蕴和独特的民俗风情。在创作版画时，有效融入临平滚灯、塘栖古镇、吴昌硕墓、超山梅花等诸多地方元素可以丰富版画的表现内容。学生在创作版画的过程中也能对地域文化形成认同感和自豪感。

校园生活掠影　版画社团集体作业

2.有效融入红色文化

当地著名的红色文化——中共鸭兰村党支部旧址，是版画创作的宝贵素材。学生通过走访革命遗址，了解与鸭兰村相关的革命历史和英雄人物等，再通过版画这一艺术形式，生动再现革命时期的英雄事迹和感人故事。当版画作品融入红色文化后，它们不仅具有艺术价值，更具有了重要的爱国教育意义。

3.寻找家乡美食文化

临平的特色美食如塘栖枇杷、临平糕团等也可以与版画创作相结合。学生可以创作一系列以美食为主题的版画作品，展示美食的制作过程、食材来源和背后的文化故事等。

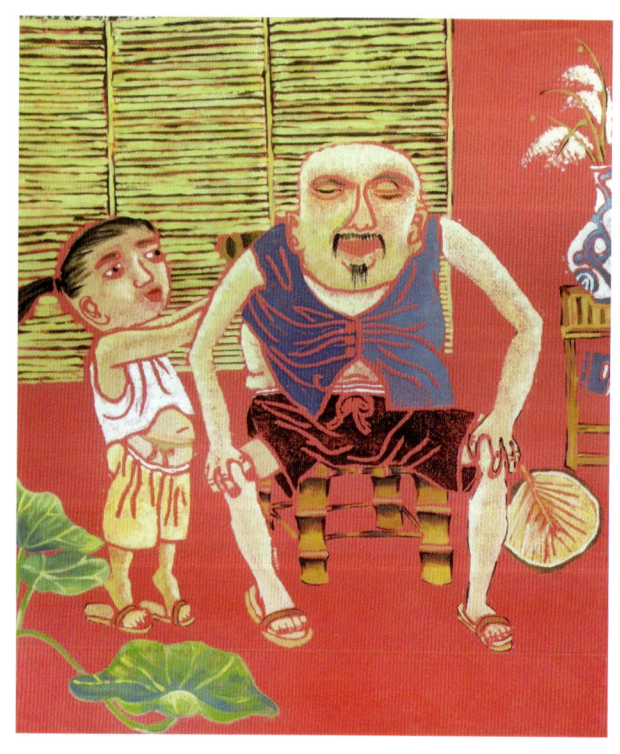

我给爷爷挠痒痒　樊紫仁

（三）展示形式多样化

学校积极为学生搭建作品展示和交流的平台，如在校内举办学生版画作品展览，组织学生参加省、市、区级艺术比赛等，让学生在才艺展示和交流中不断成长和进步。同时，学校也通过公共空间展示和线上展示扩大了课程的影响力。

1.公共空间展示

师生在当地剧院、街道、广场等公共空间设置贴有学生作品的版画墙，让更多人在日常生活中通过版画的艺术形式接触和感受到临平的地域文化和红色文化。学生在布展和介绍的过程中可以收获更多的自信。

2.线上展示

师生通过学校公众号、短视频平台等社交媒体发布学生的版画作品和相关信息。通过视频介绍和互动直播等形式，吸引更多观众关注和参与。

四．课程展望

由于课程的开发建设是一个开放的动态过程，因此，"小浪花"综合版画课程的教学资源与版画的表现形式在现有基础上有待突破。在教学中，教师应该开阔视野，尽可能发现更多适合制版的新型板材，同时，积极学习传统版画技艺，吸收营养，更新版画教学方法。

食　学生习作

假日活动——看展　郭沈伊

向日葵　朱恒

版画社团习作　指导老师：王佳琳

版画社团习作　指导老师：卢燕

35

"宋韵文化"美育拓展课程

姜冰洁　杭州市西湖区教育发展研究院

一、课程缘起

2021年,《中共浙江省委关于加快推进新时代文化浙江工程的意见》发布,文件中明确提出了实施"宋韵文化传世工程"的战略要求,旨在让这项跨越千年的文化瑰宝在新时代焕发出勃勃生机,实现"流动"传承。作为孕育人才、塑造品格、传播文化的关键阵地,校园在弘扬"宋韵文化"方面扮演着不可或缺的角色。深入挖掘、积极发扬并有效传承"宋韵文化"的精髓,不仅是响应校园美育浸润行动的具体实践,更是培养学生文化自信、增进民族认同感的重要途径。

西湖区美术教研团队立足美育视角,秉持"对传统文化进行创造性转化和创新性发展,赋予其新时代内涵和现代表达形式"的理念,深入挖掘具有风雅气质的宋韵特色资源,通过搭建"宋韵文化"美育课程框架,探寻多元化"双创"样态,探究美育浸润校园策略等举措,发挥区域教研推进之效能,从丰富而深厚的物质与精神载体中探寻千年文化基因的脉络,以期达到赓续中华优秀传统文化根脉、传承民族意志,增强学生本土文化认同感,促进学校美育深入推进的目的。

杭州绿城育华学校张元素老师执教《清雅宋服》

二、课程概述

（一）聚焦"大美育"：推进"宋韵文化"美育拓展课程的路径

西湖区美术教研团队组建研究专班，制订推进目标、任务和时间表，依据《义务教育艺术课程标准（2022年版）》中的指导精神，结合杭城宋韵文化与区域教师智慧，构建层级性、序列化课程内容，完善美育浸润行动的顶层设计，为讲好宋韵故事打下基础。

茶·趣　杭州市九莲小学　杨若斐

天山共色·只此青绿　杭州市九莲小学　华嘉言、董梓诺

山外山·楼外楼
杭州市九莲小学　张扬、陈若伶

微型盆景制作步骤

步骤1：种入植物

步骤2：局部调整

步骤3：铺设苔藓

三潭印月微景观　杭州市西湖第一实验学校

花港观鱼微景观　杭州市西湖第一实验学校

雷峰夕照微景观　杭州市西湖第一实验学校

在课程开发与实践的过程中，西湖区美术教研团队组织开展各项主题性教研活动。通过联合特级教师、首席教师工作室等开展多维实践，以学校美育浸润行动为指导，以提升学生审美感知、艺术表现、文化理解、创意实践等艺术核心素养为目标，在课程教学革新、校园文化建设、教师素养提升等方面开展行动。

为拓宽服务意识，西湖区美术教研团队将区域"宋韵文化"美育课程浸润校园行动研究所取得的成果融入当前数字化、信息化、智慧化媒介，在保留宋韵精神内核的基础上赋予其现代意蕴，从而转换成新颖的形式，并应用在学生日常的学习生活中。

春日　杭州市浙江大学附属小学

小雅　杭州市浙江大学附属小学

秋实　杭州市浙江大学附属小学

（二）凸显"大素养"：搭建"宋韵文化"美育拓展课程的架构

根据2016年发布的《中国学生发展核心素养》，"宋韵文化"美育拓展课程设置了"生活之趣""艺术之雅"和"宋人之风"三大板块，并从贴近学生实际生活的角度出发，在宋代优秀历史文化中挖掘、提炼、汲取相关资源并进行整合、重构、拓展。以主题化构建具有梯度性的课程架构（表1），从易到难，由简到繁，循序渐进。

表1 "宋韵文化"美育拓展课程的架构

学生发展核心素养	三大板块	宋韵资源举例	板块分析	宋韵主题参考
健康生活 实践创新	生活之趣	饮食：积淀深厚的民间风味	宋人追求风雅生活，造物呈现"浑然天成""精致妙趣"格调，对当代生活有借鉴意义。	南宋茶果子、宋代点茶
		玩具：妙趣横生的民俗载体		妙趣横生的宋代玩具
		花事：精巧诗意的风雅情趣		宋人花事
		服饰：清新雅致的华彩霓裳		清雅宋服
人文底蕴 实践创新	艺术之雅	绘画：气韵生动的文人追求	宋代艺术成就在历史长河中处于巅峰时期，在书画、制瓷和园林等方面留下无数艺术瑰宝。	宋代花鸟小品、风俗画赏析
		书法：突破法度的尚意书风		苏轼《黄州寒食帖》
		宋瓷：极简内敛的隽秀风格		宋五大窑
		园林：宛自天开的深远意境		沧浪亭、西湖十景
人文底蕴 责任担当	宋人之风	苏轼：洒脱旷达的人格风骨	宋代涌现众多经典故事、名人事迹，其中"居安思危""心怀天下"的才情与胸怀值得弘扬。	东坡印记
		赵佶：书画融通的艺术造诣		赵佶《瑞鹤图》等
		岳飞：忠肝义胆的传世精神		岳飞之魂、精忠报国

宋韵扇文化展示区
杭州市育才实验学校

（三）设计"大单元"：遴选"宋韵文化"美育拓展的内容

1.具身认知，体验宋代"生活之趣"

宋人追求精致的生活趣味，造物呈现"浑然天成""精致妙趣"的格调，对当代生活亦有借鉴意义。在艺术课程中融入宋代多元包容、风雅精致的文化元素，以具身体验感受的方式帮助学生更为深刻地了解传统文化的民族特色和本土价值，将艺术表现语言及技能技法学习融入其中，培养学生的审美感知核心素养和艺术表现核心素养，达到以美育人、以美润心、以美培元的目的。

2.视觉感知，赏析宋代"艺术之雅"

著名历史学家陈寅恪曾说："华夏民族之文化，历数千载之演进，造极于赵宋之世。"宋代的艺术成就在历史长河中处于巅峰时期，涌现出大量的艺术家，留下无数经典艺术作品。本课程从现用艺术类教材与"宋韵文化"相关内容中，提炼"风雅"作为关键要素，从视觉感知的角度，用具体的课程组织方式与教学实践方法串联宋韵相关的知识与技能，凸显宋韵艺术的风雅之美。

东坡书院（局部）
杭州市翠苑第一小学

官窑记忆（局部） 杭州市行知小学

"我心中的魅力杭城"宋韵文化展示区

3.育人为本，崇尚"宋人之风"

将两宋经典故事、名人事迹作为课程内容的组成部分，提炼"居安思危""心怀天下""忧患意识"等关键词，引导学生感受两宋文人志士的家国情怀。最终回归到艺术学科本位，借助各种造型方法将抽象的关键概念转化成美的视觉形象，从而起到润泽心灵、塑造人格的作用。

三、课程亮点

1.虚实场域创设，助力沉浸式审美体验

基于学生的认知基础与身心发展特点，利用数字化媒介、实物场景布置，将宋韵经典作品置于仿真模拟空间、沉浸式体验馆等新型场域，结合情景再现、角色扮演、历史故事演绎等方式，让学生漫步于虚拟和现实之间，消弭彼此的隔膜。

2.新旧介质融通，赋予现代化表达形式

对中华优秀传统文化进行创造性转化和创新性发展是时代发展的必然要求。宋代距今千年，为我们留下了丰富的遗产，为取其精华、去其糟粕，除了要批判性地继承宋代文化，还要努力将优秀文化赋予新时代的价值，如将宋韵元素进行复刻、再创，赋予作品新的生命力，拓宽宋韵表达形式，实现"创造性转化"的目的。

3.区域教研联动，实现裂变式破圈传播

通过区域专班研究，近年来美育浸润校园行动背景下的"宋韵文化"拓展课程有了阶段性成果。教师通过宋韵工作坊、课程设计汇报、精品课发布等形式在线下展示课程成果。同时，区域教研团队也借助短视频、公众号进行线上传播。当课程内容与当代中小学生的审美趣味相结合，与流行的网络元素相融合，宋韵文化就能够成功破圈，被更多人了解。

杭州市翠苑第一小学的"青绿山水"主题沙画实践

四、课程反思

宋韵文化作为中华优秀传统文化的重要组成部分，迫切需要在美育教学中得到体现、传承和发展，以助力新时代学校美育工作。在区域拓展课程研发和推动的过程中，依然存在一些问题，如教师相关知识储备不足，对"宋韵文化"的理解常常停留在对宋代"雅文化"的片面认识与解读上，缺乏创造性转化与创新性发展的意识。此外，由于义务教育学校的课程架构是相当缜密的，在学校内开展"宋韵文化"美育拓展课程需要整体地规划和科学地融入不同学科的资源，避免出现引入随意、效果牵强的现象。

杭州市学军小学学生身穿宋服体验"宋韵文化"

杭州绿城育华学校学生制作的"青衫罗碧"宋代服装

"心灵瑜伽·缠绕曼达拉"拓展课程

周晓玲　温州市鹿城区教育研究院
杨况　温州市实验中学教育集团

一、课程缘起

众所周知,在当代快节奏的生活中,学生面临来自学业、家庭、人际关系等方面的压力。其中,学业压力会使部分学生产生学习倦怠感,这不仅会影响学生的学习成绩,更会影响学生的身心健康,使孩子自信心下降,产生自我否定的情绪。初中生正值"身心剧变"时期,青春期自我意识高涨,情绪波动两极化,学生在学习压力下渴望自我表达,内心的情绪需要释放、被外界倾听和接纳。"心灵瑜伽·缠绕曼达拉"拓展课程的开发源于当代青少年在成长过程中面临的多重压力。

结合中学生的心理特点,我希望在开发的拓展课程中通过艺术与手工疗愈学生的心灵,在"双减"政策的大背景下,学生在体验这门拓展课程的过程中不会增加学业负担,反而可以舒缓学业压力。

结合十余年拓展课的开发经验,我找到了一种能连接学生内心世界的学习媒介——线。它既能在艺术的维度提升学生的创造力,又能在心理的维度帮助学生释放压力、平复情绪。我把这门不仅育人也能愈人的艺术手工疗愈课程称为"心灵瑜伽·缠绕曼达拉"。

学生们与作品

用曼达拉装饰的枯树枝

二、课程概述

"心灵瑜伽·缠绕曼达拉"课程的创作主题源于曼达拉（Mandala）图形，它有"神奇的轮圆或中心"之意，是在人类文化史上和人类大脑中有意识或无意识存在的一种图形，如太阳、花朵、瞳孔等具有中心放射形式的事物。学生绘制各种平衡对称的图形，可以提升空间感知能力与绘画能力。在此基础上，运用丰富的材料搭建造型框架，以缠绕编织的方式进行装饰，锻炼工艺实践能力。同时，利用多变的色彩搭配可以表达个性创意。最后，结合多样的空间展陈形式呈现作品，可以提高学生的综合能力。

本拓展课程的开展形式有固定与自主两种。固定形式为每周1次，每次2课时的社团课，面向全体选课学生。自主形式则利用平时课余时间，有创作需求的学生提前与教师预约，教师根据预约时间定时开放社团课教室与课程。为了保障学生在这门具有艺术疗愈功能的拓展课程中获得更好的学习体验，本课程的学习人数上限为30人，学生既

放飞曼达拉　　　　校园曼达拉艺术装置

缠绕制作曼达拉

学生在研究如何稳定曼达拉结构

制作完成的曼达拉

制作课现场

具有收纳及展示功能的手工桌

可以在每周固定的拓展课中学习、分享和交流，也可以根据自己的时间安排，选择课余时间单独或与好友结伴来体验课程。

在选课方面，每学期初，学生及家长根据意愿扫码参与学校的网上自主选课。当选课人数达到上限，部分学生有艺术疗愈需求但无法报名参加课程时，可通过联系班主任、政教处以及课程导师在课余时间参加课程活动。

为了支持这样一门有意义的拓展课程，学校专门设置了专用手工教室，为教室配备了方便开展手工活动且可储存工具材料和半成品作业的桌子、便于堆叠收纳的舒适的椅子、实物展台、多功能一体机、教学白板等设备。自主活动场地可根据课程参与人数、时间、作品完成形态及天气条件选择合适的区域，如校园艺术空间、美术馆、学科客厅、室外操场等地。

本课程由一位美术教师负责艺术与手工疗愈教学，另一位心理教师负责专业心理指导。两位课程教师与班主任及学校政教处一起协助完成家校共育。

用废旧轮胎和回收的塑料袋等制作环创曼达拉

安装固定环创曼达拉

用废旧物制作的曼达拉校园艺术装置

情绪分享与互评

发现自己的情绪

三、课程内容

1. 暖场破冰，感知材料

每人手持一个彩色柔软的毛线球，通过击鼓传花游戏进行自我介绍，并简单描述手中线团的视觉与触觉感受。

2. 内观情绪，创造艺术

找到情绪——师生一起玩"情绪伙伴"卡牌游戏，试着发现并观察自己的情绪，让难以言说的内心感受借由卡牌流露出来。

认识曼达拉——展示各种中心对称的图形和物体，让学生在舒缓的音乐中沉浸式地欣赏画面并描述自己对画面的感受。教师介绍曼达拉图形的艺术价值与疗愈作用。

绘画表达——学生利用尺规作图，绘制方形、菱形、六边形、八边形等中心对称图形，设计作品骨式。教师提供色卡，学生结合个人的内心情绪进行创意填色搭配。

材料造型——学生根据绘画图稿，选择规格合适的木棍和线材搭建一个平衡稳固的空间，过程中有规律地穿插缠绕各色线料纤维，线料可以是单色的，也可以是多色的，还也可以加入串珠、羽毛等各种材料进行装饰。

学生习作展示

3.展陈交流

制作完成后的曼达拉作品可以用单独或组合的方式展示，大的作品可以做成艺术装置展示在校园公共区域，小的作品可以用于装点教室、办公室、走廊等室内环境，甚至也可以做成迷你饰品随身携带。此外，作品也可以结合3D打印技术或亚克力材料，定制各种挂件和冰箱贴等文创产品，在学校拓展课晒品会、校园文创商店或校外文化市集上展示出售。

四、课程亮点

1.艺术手工结合心理疗愈

彩色毛线、织物等材料对人的感官起到非常独特的作用，触摸毛线与织物能够唤起人们内心柔软的一面，使人感受到温暖与安全感。使用这些彩色柔软的材料，结合高重复性的编织缠绕动作，可以帮助学生将注意力集中于当下，忘却内心与外界的压力。在学生体验曼达拉绕线艺术的过程中，艺术疗愈的功能自然而然地发挥着作用。

2.课程内容对性别的包容性强

多年来手工类拓展课的选课学生几乎都是女生，缠绕曼达拉课程的出现，改变了一度失衡的男女生比例，课程内容对选课学生的性别很包容，男生和女生均能体验心灵瑜伽，通过曼达拉探索内心世界，转换和清理负面情绪。

学生设计布置的展位

以学生原创作品定制的亚克力旋转立牌

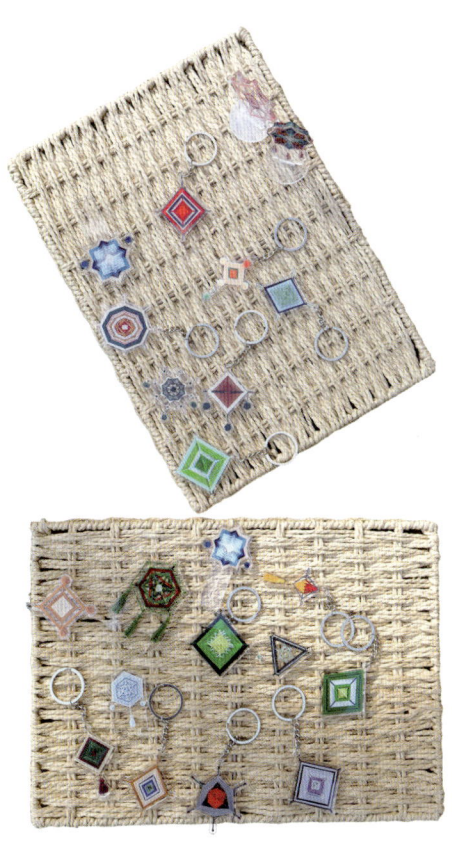

以学生原创作品定制的钥匙扣

3. 跨学科评价促进家校共育

缠绕曼达拉课程的学生作品涉及色彩、造型、材料及工艺，可以从美学的角度进行评价，这类评价属于总结性评价。同时，每件作品又是属于学生个人的"小宇宙"，代表每名学生内心独一无二的自我认知与表达，所以也可以从艺术疗愈的角度进行评价，这类心理维度的评价倾向于过程评价，关注学生创作时的感知体验与表达，心理教师会观察并记录学生创作时的状态、课程中情绪的转变，课后与班主任、任课教师、家长进行阶段性的反馈，以达到家校共育的效果。

五、课程反思与展望

在本课程中，每一根缠绕在曼达拉上的线都像是净化和连接心灵的纽带，每一次课程活动都是教师与学生、学生与学生彼此间温暖的陪伴，我们用一种特别的方式联结彼此。教育的本质是"用一棵树去摇动另一棵树，用一朵云去推动另一朵云，用一个灵魂去唤醒另一个灵魂"。作为课程指导教师，育人先育己，无论从艺术维度还是从心理维度都需要更为专业的积累与提升，通过更多的自身疗愈实践和体验获得完整感和幸福感，做学生的榜样，成为一个情绪更稳定，品格更健全的人。展望课程未来，希望教师能结合不同学科的知识向家庭、学校、社会传递艺术与手工疗愈的教育价值。希望更多的学生、教师和家长通过缠绕曼达拉课程表达创意，观照自我，感知愉悦，通过手工艺术抵达更为平衡与完整的内心世界。

学生作品展示

"掌上大自然"微盆景艺术拓展课程

俞学良　海宁市教师进修学校
丁雯　海宁市斜桥中学

一、拓展课程概述

大自然不仅蕴含着生命的发展规律，还具有精微的线条、色彩和结构等美学表现，是培养学生审美能力与探究精神的天然课堂。本课程探究的"掌上大自然"微盆景艺术是融合多学科知识的综合艺术，也是我国的非物质文化遗产。盆景以植物、山石等为材料，采用夸张、浓缩、概括的艺术手法，在盆钵中塑造大自然的诗情画意，"寸木有情，片石有致"，凸显艺术美感。

（一）美育政策，传统文化与本土资源的共鸣

斜桥中学所在的嘉兴，位于杭嘉湖平原腹地，历史源远流长，其7000年的吴越文化和独特的气候条件，积淀了丰富的自然和人文资源。自2019年起，斜桥中学从挖掘本地特色资源的角度出发，在《义务教育艺术课程标准（2022年版）》的指引下，持续开发自然美育课程，在市级课题"浸润 化育 联结：自然教育视野下儿童美育探究"的引领下，通过项目化学习、自然研学等途径为美育营造良好的环境。本课程作为其特色课程，旨在通过学生在真实情境下的合作探究活动，提高他们的审美素养，培育家乡情怀，弘扬民族文化。

丁雯老师在教学现场

学习活动：

洛塘河公园文明采集

湿地公园识花辨草

尚善园探究学习

东山寻石采风

自繁自育

（二）育人价值，学科融合推动美育理念的变革

自然美育强调"浸润"和"融合"，是以自然界为载体，通过有目的、有组织的观察和实践获得感悟的探究性课程。近年来，越来越多的教育者以自然美育为切入点设计课程，旨在引导学生从自然中寻找创作灵感、陶冶情操、滋润心灵，激发创造力，增强对自然和人类社会的热爱及责任感，弘扬中华美育精神，坚定文化自信。

二、课程开发情况

学校为本拓展课程建造了"尚善园"苗木基地，配备了专用教室、浇灌系统、温控设备，采购了苗木素材、植料、花盆、育苗袋、种子、农药等，还通过各种途径与本地的洛塘河公园、东山森林公园、鹄湖湿地公园、神龙湾研学基地等对接，为拓展课程提供切实保障。

（一）强化实践活动，积极开展主题性课程教学

本课程基于四大核心素养，根据学生的身心特点，立足地方资源，开展沉浸式的探究和体验，以"识植物，访古迹，寻资源，创盆景，传情怀"为主线，创设了"掌上大自然""砖头、瓦片的新生""石上扎根""我把森林变小了""杂物变盆钵"等特色课程。学生通过自主选修每周的拓展课，在学校的"尚善园"开展学习活动，充分感受盆景这一非遗文化与本地特色资源融合所绽放的独特魅力，例如："掌上大自然"一课，为了呈现悬崖式盆景凌空倒悬、

课堂探究学习

盆景制作步骤：

1. 准备好紫金牛、灯芯草、苔藓、凿好的老青砖、浮石、赤玉土、剪刀及棉线等备用。

2. 在老青砖上依次铺上少量赤玉土和青苔做铺底。

3. 依次植入紫金牛和灯芯草，并在边上压上浮石。

4. 将青苔和赤玉土混合的植料铺在表面并压实。

5. 用棉线将植物和浮石缠绕捆绑，并牢牢固定在青砖上，完成制作。

潇洒飘逸的特点，教师们引导学生通过蟠扎造型，以增强其整体的气势和线条的灵动感；在"我把森林变小了"一课，运用中国传统绘画中的美学知识，为塑造丛林式盆景的植物造型组合提供理论参考，使盆景主次分明，疏密得当，高低参差，动静相宜，有露有藏。

（二）应用场域合作，深入推进自然课程实施

为深入推动课程实施，学校组织学生利用节假日前往硖石东山森林公园、洛塘河湿地公园等地开展"识花辨草""寻石采风"等活动，并聘请校外专家给师生们做盆景艺术欣赏的讲座。"校园文化艺术节"期间在"尚善园"苗木基地举办了"诗情画意，盆'栽'自然"的盆景创作比赛和展览，同时举办植物摄影比赛和树叶贴画展览等。经过几年的努力，收获颇丰。"学习强国"和《海宁日报》都曾对此进行过专门报道；嘉兴市级各科教师的培训活动在学校举行期间，师生们展出的精美盆景作品受到了广泛好评。

（三）整合多元力量，大力弥补课程资源不足

学校在课程开发和实施的过程中积极整合多方面力量来解决困难，例如：招募热爱园艺的教师和学生成立园艺社团外出参观学习；邀请校外专家来校培训指导；向上级部门和学校申请专项基金以弥补资金的不足；以家校联合的形式，组织学生自繁自育植物或者到野外文明采集，来补充材料的不足。此外，课程设计了丰富多样的教学活动，增强学生的体验感，增加实践机会；开展义卖等活动，将艺术作品生活化、实用化。

盆景制作步骤：

1. 在教师的帮助下，用凿子、电钻等工具将浮石表面凿成凹面状。

2. 整理好岩豆、干苔藓、剪刀和棉线备用。

3. 在浮石的凹面上铺上苔藓做铺底。

4. 植入岩豆，将根系理平整并压实。

5. 用苔藓将岩豆周围的根系紧紧包裹，并压紧、压实。

6. 用棉线将岩豆、苔藓都牢牢缠绕、捆绑在浮石上面，便完成了。

三、课程亮点

本课程融合多个领域，同时将地方资源与非遗文化有机结合，实现让学生习得非遗技艺、培养对传统艺术的热爱之情的育人功能。

（一）坚持守正创新，彰显文化新气象

本课程基于对盆景艺术的理解并进行创新，如在"砖头、瓦片的新生"一课中引导学生观察周围环境，寻找可用于制作花盆的事物，如碛石东山的吸水石、古建筑遗留下来的残砖、断瓦和枯木等。这些老物件是硬朗、粗犷之物，且质地多孔透气，古拙质朴、意蕴深长，仅需简单的加工就可以打造成韵味十足的盆器，与具有灵性的花草植物搭配在一起，相得益彰，也让两者重新焕发生命力。纵观过去，最好的美育素材往往都来自日常生活，生活细节中所蕴含的文化内涵，便是我们实施美育的底气，值得我们美育工作者沉下心来思考和挖掘。

（二）凸显跨领域融合，增强学生创新能力

微盆景艺术与中国传统山水画都是基于相同艺术理论发展而成的艺术门类，本课程融入中华优秀传统文化基因，跨越多个学科，融合真情境、真探究、真实践，不仅提高了学生的审美水平，而且增强了学生的创新精神和团队合作能力。

基地集中管理的学生作品

（三）重构与自然的联结，疗愈学生的身心

美国作家理查德·洛夫的畅销书《林间最后的小孩》中提到"自然缺失症"的概念，它描述的是现代生活中的少年儿童，由于学业的压力或者沉迷网络等原因，与大自然疏离，甚至割裂，这种"去自然化"的生活造成了人类感官的退化，也导致了一系列行为和心理上的问题。本课程的设计是让孩子通过各种亲自然、重体验的自然探究活动，从旁观者变成参与者，重构人与自然的深层联结，为学生的心理健康教育注入一泓滋润心灵的甘泉。

四、课程反思

一盆一景一世界。盆景浓缩的是自然神韵，展现的是人文情怀。老砖、残瓦，穿越百年，其厚重的泥色、斑驳的纹理，与温柔婉约的一草一石搭配在一起，极具朴拙、禅意之美。微盆景艺术不仅是立体的精美图画，也是寓意深远的造型艺术，更是一首触动灵魂的无声诗篇。海宁市斜桥中学的丁雯老师，凭着自己十多年来对盆景艺术的热爱，积极倡导自然美育，开发"掌上大自然"微盆景艺术拓展课程。她独具慧眼、匠心巧运，将美育与自然融合，践行润物无声的育人理念，从挖掘本地特色资源的角度出发，创造性地将非遗文化与自然美育活动紧密结合，弘扬中华美育精神，厚植爱乡情怀，坚定文化自信。

好的美术教育能唤醒心灵，本课程活动中对吴越文化遗存旧物的再设计，是连接过去、现在和未来的一种方式，课程设计因情而生，最终又带着情感回归生活，形成"生活—教学—生活"的循环，让美育和生活有机结合起来，让学生运用所学知识为生活服务，体验艺术点亮生活、创意描绘未来的神奇。

矮地茶　学生习作

一本多干爬山虎　学生习作

老青砖上附石蕨类盆景　学生习作

红叶爬山虎　学生习作

瓦片上的鸢尾花　学生习作

附石金钱菖蒲　学生习作

杂物变盆钵　学生习作

附石紫金牛　学生习作

有栖川菖蒲附石小景　学生习作

倾斜式鸡爪槭小景　学生习作

临水型胡颓子　学生习作　　　　　　悬崖型米叶黄杨　学生习作　　　　　　悬崖式金雀　学生习作

微盆景组合　学生习作

沙塑画拓展课程

金伟民　舟山市普陀区教育局教研室
白莉莉　舟山市普陀区沈家门小学

一、拓展课程概述

如何依据美术新课程改革中对校本课程的开发要求，结合本土自然资源与教师自身的专业技能与兴趣，开发出具有学校特色的美术拓展性课程，以更好地提升学生的美术核心素养，这一问题受到我们的高度重视。对此，我校充分利用舟山海滩中常见的材料——沙子，开发了沙塑画拓展课程，激发了小学生对美术学科的喜爱，也帮助他们更好地理解学科中的知识与概念。

二、沙塑画拓展课程的开发

在寻找学校特色美术拓展课程切入点的过程中，我校深受舟山本土文旅品牌产业——舟山沙雕节的启发，选用沙材料作为课程开发的主要载体。

然而在开发过程中，面临的难题是，这一课程要与常见的沙雕拉开距离，所以我们最终选择了既具有本地特色，又方便学生创作的沙画艺术形式来开发新的特色课程，并将其取名为"沙塑画拓展课程"。这一课程以增强学生创造力为核心目标，引导学生学习与制作半立体、小型化沙材料工艺品，这也彰显了学校美术拓展课程的独特之处。

钓鱼乐　学生习作

沙塑画的创作工具材料：

保鲜袋、细沙、牙签、刮刀

胶水、沙子、泥工刀

沙塑画的创作步骤：

1. 倒细沙。
2. 倒胶水。 
3. 拌沙。 
4. 使沙成团。 
5. 画样稿。 
6. 塑鱼身。 
7. 塑尾鳍。 
8. 塑腹鳍、背鳍。 
9. 刻画线条。 
10. 刻画点。 
11. 黏合圆点。 
12. 黏合条纹。

13. 刻画眼睛。 　　14. 静置晾干。 　　15. 干透后取下。 　　16. 作品成形。

17. 制作底板。

三、沙塑画拓展课程的建设

该课程的建设涉及诸多方面，包括师资、场地、课程设置、教学管理等。接下来，将主要介绍该课程建设过程中的一些基础工作与重要的课程指导纲要。

（一）沙塑画拓展课程的基本情况

在实施沙塑画教学之前，涉及的基本工作主要有以下一些内容。在师资方面，我校只有一位教师能承担此项课程的教学。本课程是四年级学生的选修课，学习周期为2年，学校四年级有10余个班，每一个班限2个选课名额，由此组建成四年级沙塑画拓展班，班里有24名学生，每星期二下午上课，每次1课时。等到第二学年这个班的学生升到五年级时，再组建一个新的四年级沙塑画拓展班，上课时间为星期三下午，其他要求与原四年级沙塑画班相同，如此循环。个别学生到了六年级还非常想继续学习的，可以续学。另外，学生需要自行购买一套沙塑画的使用工具。招收学生数量少的主要原因是，教资有限，本课程需要教师指导每一名学生学习工艺技能，为了保证上课时的学习质量，学生数量要控制在20人左右。

18. 上色完成。

(二)沙塑画拓展课程的指导纲要

为确保这一课程的顺利开展,我校对此课程制订了以下指导纲要(表2)。

表2 沙塑画拓展课程的指导纲要

年级	课程目标	课程内容	学年安排	学期安排	课时安排
四年级、五年级	欣赏与评述舟山海洋文化中的沙雕艺术,解读沙塑画的创意与审美情趣。	1."舟山沙雕欣赏":通过图片、影视资料,欣赏历届舟山国际沙雕艺术节中的优秀作品;识读这些作品,撰写欣赏后的印象与感受。	第一学年	第一学期	1课时
		2."沙塑画欣赏":欣赏与评述同龄人沙塑画作品,自由发表意见与看法;尝试从美术语言与创意设计的角度识读沙塑画。			1课时
	了解沙塑画创作的工艺流程、材料特性。	3."沙塑画创作工具材料与技能":了解创作沙塑画所使用的基本工具材料,掌握沙塑画创作的基本技能。			15课时
	进一步提升沙塑画创作的技能。	4."沙塑画制作——小动物":创作小动物主题的沙塑画,如小鱼、小鸭、小鸟等形象的沙塑画。		第二学期	18课时
		5."沙塑画创作——植物与人物":创作植物与人物主题的沙塑画,以本地各类典型植物与渔民形象为主要表现对象。	第二学年	第一学期	18课时
	探究沙塑画的多元化表现形式。	6."彩色沙塑画及其组合":在干透了的沙塑画上,用水粉颜料上色,创作彩色沙塑画;探索小型沙塑画作品的组合效果。		第二学期	10课时
	展示沙塑画的学习成果。	7."沙塑画展示":装裱优秀作品,策划校园沙塑画作品展,美化校园环境。			5课时
	面向社会推广沙塑画;收集反馈信息,提升后续作品质量。	8."走向社会的沙塑画":将沙塑画推向社会,采用义卖的形式,在朱家尖南沙等景区开展沙塑画销售实践活动;听取社会人士对沙塑画的评价。			3课时

合作塑造

合作上色

从艺术实践的角度来看，根据课程指导纲要，沙塑画拓展课程主要是从"欣赏·评述"艺术实践开始，然后进入"造型·表现"与"设计·应用"，再强调"综合·探索"，最后落脚于社会实践。以下是对该表的概括性解读。

本课程引导学生从欣赏与评述沙雕艺术和沙塑画入手，来理解两者之间的区别与联系，在此基础上学习沙塑画的基本创作步骤。创作环节主要包括准备工具材料，学习工艺技术（特别是如何用胶水拌沙，制作出有效的沙团，等等），尝试创作。在创作过程中，渔民形象是人物题材沙塑画主要的绘制对象。

学生除了掌握沙塑画的造型能力之外，还需要学习表现形式方面的知识，培养艺术思维。例如，借鉴中国古代彩塑的创作方法，通过水粉着色来丰富沙塑画画面

学生习作

学生习作

学生习作

沙塑作品展示

的视觉效果，使作品富有民间艺术的韵味；探索小型沙塑画的组合方法，来创作新的画面，也有助于拓展学生的艺术思维。

本课程还注重学生的作业展示和课程的社会价值。在作业展示方面，将采用由学生自主策划展览的形式，学生通过小组讨论来决定场地的选择，确定展览主题，并自主设计、制作海报，装裱沙塑画，布置展览场地。在校内展览活动的基础上，学生还将带着自己的作品走到更广阔的社会之中，通过义卖的形式，来检验他们的成果是否能赢得社会的认同。这也是一次难得的评价他们学习质量的机会。

四、课程反思

经过多年的实践，目前该课程在实施过程中也出现了一些典型问题。

一是在作品创作方面，学生难以创作出大型沙塑画作品。由于课时数量有限，一星期只有一节35分钟的课，学生的学习和创作时间较少，也就不太有可能创作出大型沙塑画。对此，我们引导学生通过组合小型沙塑画作品，来制作稍微大一点的作品。

二是沙塑画面临着形态创新方面的问题。目前，沙塑画在表现形态方面过于依赖本土海洋文化，多采用舟山渔民画的基本图式及相应的技巧来表现主体样式，已经出现了窄化现象。为此，在以后的沙塑画教学中，将考虑引入

渔家乐　邱怡凝

学生习作

螃蟹小伙伴　蒋欣宜

学生喜欢的卡通造型；在制作工艺方面，将会强化与吸收半立体构成的一些造型要素，来提升沙塑画的视觉效果。

三是优质沙子的获取日见艰难。随着当地对海洋保护力度的不断加强，对优质沙子的管理也越加严格，从自然沙滩获得课程所需沙子越来越困难，有时只能通过网上购买来获取，而这增加了教学成本，该问题也需进一步解决。

五、结语

经过多年的实践，沙塑画拓展课程一直深受广大学生的欢迎和喜爱，沙塑画作品也在省、市、区各级各类美术比赛中获得诸多奖项。从另外一个视角来看，本课程也丰富了本土文旅产品的开发，为促进区域旅游经济的发展提供了一个新的思路。我们深信，随着本课程的不断深化，一定还会有新的成果出现。

小肥虾　郑淇尹

学生习作

萌萌章鱼团　许佳莉、蒋欣宜、徐金一诺

蟹蟹组合　许佳莉、徐金一诺、郑淇尹

捉鱼啦　学生习作

爷爷喝茶　学生习作

乌贼王　学生习作

捉蟹去　学生习作

67

物象描写拓展课程

拓展课程 衢州市柯城区

周昭斌　衢州市柯城区教学研究室、教师进修学校

一、课程缘起

审美感知始终是美术课程的核心素养。

在基于感受表达的"造型·表现"艺术实践活动中，作为儿童主体的"我"是如何被唤醒的？如何基于儿童视角，实现"物"与"我"的相互映照，完成"我"与"物"的关系互构，是一个复杂多元的问题。

从问题到课题，物象描写课程通过9年实践，以意象表现类艺术家的感性想象力模式为参照，围绕儿童阶段性感性想象力的发育，重点探索了儿童"感性和知性的想象力"问题，在尝试帮助儿童经历"梳理感受—想象与逻辑—情感表达"的具身感知过程中，激发艺术思维，完成审美体验。

《义务教育艺术课程标准（2022年版）》中强调："审美感知是对自然世界、社会生活和艺术作品中美的特征及其意义与作用的发现、感受、认识和反应能力。"物象描写课程是从具身感知这一原点出发，培养审美感知能力的具体实践。

课程实施场所

情绪表达　张以静

二、课程概述

(一)课程开发目标

课程的总目标：在尊重儿童的基础上，通过丰富的艺术体验与创造活动，引领儿童在艺术活动中理解和体验物象的内涵。以下为具体目标。

1.具身体验，培育感知能力。帮助、引导儿童独立、充分地感知视觉形象，通过实践增强儿童的具身体验，使其形成个性化的审美感知能力。

2.借鉴互通，丰富绘画语言能力。鼓励儿童自由表达，在表达中形成绘画的语言能力。通过与他人交流来学习绘画语言，发展技能，在多元的语言体系下，发展儿童的绘画语言能力。

3.综合实践，增强艺术表现能力。通过开展多元的主题综合实践活动，探索文本语言与绘画语言的关系，以文本语言的内在逻辑性，增强绘画语言的表达性，进而形成较好的艺术表现能力。

情绪表达　吴卓彧

（二）课程内容简介

物象描写课程内容围绕感知、语言和表现三层目标，构建了一个螺旋递进的学习框架。课程的内容设置在"有感而发"的反复实践中，通过语言性的活动渗透审美理论，培养学生的综合能力。具体从三个维度展开。

1.感知维度。通过各种观察、模仿和体验活动，引导学生进行视觉形象的独立感知，增强对视觉元素的敏感度，培养个性化的审美感知能力。

2.语言维度。以描述为主要方式，帮助儿童习得用于分析线条、色彩、构成的"绘画语言"，形成差异化的绘画语言体系，从而实现独立表达。

3.综合创作维度。通过项目化的主题活动，帮助儿童从构思到实施，经历完整的艺术创作过程；重点在活动中探索文本语言与绘画语言的关系，引导儿童感受语言逻辑，发展自身的创造能力、审美能力和语言表现力。

（三）开设课程的基本情况

1.课时设置。课程共设有30个课时，每个课时为90分钟。课程安排为每周一次课，涵盖理论渗透与实践创作两部分，采用工作坊教学方式。

2.选课管理。物象描写课程纳入学校拓展性课程总表，学生通过自主选课和美术老师推荐两种形式参加选课。课程面向1～7年级的学生，目前选课人数约为30人，按不同年段分班，以小组形式进行教学，上课地点为学校专门的美术教室。

丙烯颜料

丙烯铺色

各种颜色和型号的丙烯笔 　　勾线笔和丙烯笔 　　观察描绘

3.遇到的困难。一是学生个体的差异，导致在统一课程进度上存在挑战；二是学习资源不足，难以满足在不同模块中每个学生的学习需求；三是学生深度表达能力存在差异，部分学生难以将复杂的感受转化为艺术创作。

4.解决困难的方法。一是个性化指导，实施"一生一案"的教学活动，教师根据学生需要提供个别指导，帮助学生在各自的基础上有所提升；二是尝试资源整合，通过积极向外寻求多元的艺术资源，例如利用网络资源等，拓宽身边资源，丰富课堂体验；三是感觉引导训练，通过创设情绪表达专题，帮助学生在情绪体验中更好地理解和表达感受，激发艺术创作的动力。

黑白灰练习

三、课程建设成效

9年来，本课程已在多所中小学、幼儿园，以及衢州美术馆和衢州职业学院开展过实践，一批作品参加了省、市级评选并获奖，在回应核心素养要求上做出了积极的探索，取得了显著的成效。

在落实"有感而发"上形成了实践经验。相较于趋向"建模"思维的美术课程，物象描写课程更深度地关注儿童的心理感知状态，聚焦于儿童"具身经验"的表达与表现。

在帮助儿童建构"心理动能"上形成了实践经验。沉浸式、深层次的创作体验不仅改善了儿童的心理状态，最重要的是，学生们在自信心、精神力方面也有了显著的增强。

描

描写与想象 　　　　　　　　　　　　　　揉 　　　　　　　　深入刻画

在突破"个性化的语言"上形成了实践经验。从"梳理感受"到"想象与逻辑",再到"情感表达",儿童主体性在课程中自始至终得到尊重,基于"具身感知"的艺术创作,呈现了儿童多元的内在世界。

四、课程亮点

以"感性认知"能力培养为追求。课程强调了对物象的感性认知,通过引导学生观察、感受和体验物象内涵,有效培养了他们的感知能力和审美意识。

深入刻画

调整

用丙烯笔上色

引导想象

以"语言多元"能力培养为追求。课程达成了绘画语言的多元目标,创作思维的多元追求让我们看到了"语言多元"的本质是"基于内心感受向外衍生而出的、差异化的绘画语言体系"。

以"创造思维"能力培养为追求。通过主题综合实践活动,课程鼓励儿童发挥想象力和创造力,培养了他们的求异思维,增强了创造力、审美能力和文化理解力。

五、课程反思

在看到物象描写课程成效显著的同时,也需要进行反思。教学实践过程中的时间要素依旧是一个难题,如果课时数能加倍,则效果会更佳。此外,课程需要建立更加完善的反馈机制,及时了解学生的学习情况和需求,以便教师能够更好地调整教学策略和方法。

学生习作　叶思霖

学生习作　方卓琳

学生习作　庄锶齐

学生习作　王荞逸

学生习作　邓焯雅

学生习作　赵欣然

学生习作　陈馨朵

学生习作　江骁

学生习作　甘心悦

75

蓝夹缬拓展课程

拓展课程　温州市瑞安市

林可造　瑞安市教育发展研究院
郑晓静　瑞安市阳光小学

一、课程缘起

　　蓝夹缬作为浙南传统工艺，生发于浙南大地，与当地老百姓的衣、食、住、行、用形影相随，蕴含着劳动人民的真情和智慧。但是随着城镇化、全球化、现代化的推进，蓝夹缬艺术的传承与发展面临着新的挑战，如何在新时代守正创新？这是一个意味深长的时代命题，迫切需要运用在地资源在年轻的学生心中播撒民族文化的种子，增强文化自信，让他们自觉参与到民间艺术的传承与发展中，为中华民族延续生生不息的文脉。

抱枕

二、课程概述

　　夹缬起于秦汉，盛于唐宋，古时主要作为朝廷贡品，至元明时期夹缬由丰富的彩色向单种蓝色转变，最后仅在浙南地区保存下来，以温州为中心，向台州、丽水等部分接壤地区辐射。在寻常百姓家，蓝夹缬主要用于制作被子——俗称"夹被"，夹被常常是女方陪嫁的重礼，温州民间流传着歌谣"四角方方搭高台，弯弯曲曲水流来。巾巾放落江河水，百样花名自会开"。这说明当时蓝夹缬在老百姓生活中十分盛行，是一种融入大众生活的艺术。蓝夹缬工艺极具地方文化特色，其包含织布、花版雕刻、靛青打制以及夹缬印染等多种工艺，程序烦琐，工艺精湛，堪称"雕版印染的活化石"，

学生习作展示

学生习作

学生习作

学生习作

2011年入选第三批国家级非物质文化遗产名录。

蓝夹缬拓展课程分为历史文化、传统工艺、夹缬变身三大板块，共需要大约40课时，重在让学生了解蓝夹缬的文化内涵，引导学生学习图案设计和操作方法，从而激发他们的传承与保护意识，让他们自觉参与到传统文化传承的队伍中。

三、课程亮点

（一）精选吉祥图案，让传承有情

为了让传统夹缬工艺传之有情，传之有法，需要唤醒学生内心的美好情感，所以选择能让他们有情感共鸣的图案十分关键。蓝夹缬中的鱼纹、戏曲人物、百子图等图案，造型夸张、寓意美好，学生容易理解，欣赏这些夹缬图案可以让孩子饶有兴趣地去感知和理解每一种纹样的寓意、造型与文化内涵，发现蕴含其中的美好祝福，感受劳动人民积极向上的精神。然后，引导学生将这些古典元素通过电脑处理、创意手绘等方法巧妙地转化为充满现代气息的图案，既保留了历史的印记，又赋予了它们新时代的生命力，每一件作品都成为连接过去与现在的桥梁。孩子们在这旅程中不仅锻炼了手工技艺，而且加深了对传统文化的理解，培养了创新能力，古老艺术在小小心灵中生根发芽。

（二）改进雕刻技艺，让传承有法

我们用柔软的橡皮砖代替坚硬的花版，并简化了复杂的"明沟暗渠"的雕刻过程。让学生们以刻刀为笔，通过轻柔的触碰，去勾勒出心中的传统之美。在夹缬印染技艺的传承之路上，我们致力于将古法与现代教育相融合；通过减少雕版数量并采用特制工具进行固定和夹紧，降低操作难度，使这门艺术更亲近学生，让他们在体验古老智慧的同时享受创作的乐趣。而当现代数字技术与传统夹缬艺术相遇，仿佛架起了一座通往创新世界的桥梁，孩子们在设计图纸和雕刻中探索无限可能，以新时代的视角重新诠释夹缬图案，将古典之美融入现代生活。这不仅是对传统艺术的传承，更是对创新精神的培养。在这片文化沃土中，每一次尝试都创造了历史与未来对话的机会，让孩子们感受到创作的无限可能，续写人类文化传承的新篇章。

（三）创设展示场景，让传承有境

落实美育浸润是本课程的目的。蓝夹缬拓展课程不仅让学生体验了蓝夹缬工艺，还在校园中创建了"蓝韵缬手"工作坊，让校园成为师生们沉浸艺术、激发创新的乐园。那些贯穿其间的廊道、穿上了蓝夹缬"衣裳"的井盖如同守望者，诉说着这门古老艺术的现代传奇。而在各个角落精心布置的展览，不仅为环境增添了雅致的蓝调风情，更将这颗包含传统美学的种子播撒至校园的每个角落，行走其间像是漫步在一条连接古今的时光隧道里，每一步都能感受到历史气息与现代创意的碰撞。

在这个温馨的学习空间里，师生们共同绘制出夹缬艺术的丰富多彩。艺术节上，孩子们手中的画笔轻轻勾勒出夹缬图案，每一笔都承载着对传统工艺的敬意和对未来梦想的憧憬。走秀舞台上，夹缬服饰在灯光下闪耀，设计者与制作者的心血交织成一场视觉盛宴，让每个人的心灵都被深深触动。定期的作品展览和教研活动，就像一扇窗，让我们窥见夹缬文化的深邃与美丽，感受到乡土文化根脉的绵延。而那些打破教室墙壁的讲座和实践活动，更是让文化的种子在校园内外的每个角落自由生根发芽，将人文的温度传递给每一位观众，织就了一个充满生命力的社会文化共同体。

在这个雕刻时光的工坊里，师生感受到岁月的流淌，在不知不觉中放慢了脚步。工艺的改良不仅让蓝夹缬与当下时代同步，更让我们体验到了一种手作的温度，一种使人心平气和、宁静致远的力量。在此处，我们与自然的韵律相融合，双手仿佛与大地的脉动紧密相连，我们领悟着慢生活的哲学。正是这样的校园空间，使我们得以细细品味手工艺的美学，让心灵有一个归宿和一片净土。

四、课程总结

（一）守正让课程有厚度

非遗是人类共同的精神家园，蓝夹缬课程以文化价值观为引领，引导学生穿梭于特定的历史情境中，产生丰富的审美联想和情感共鸣；让学生体验和理解工艺背后的观念、行为、生产和生活方式，这样的"守正"才能使课程有内涵、有厚度。

（二）创新让课程有温度

面对蓝夹缬工序烦琐、制版难度大、传承不容易的难题，一方面教师要不断向非遗传承人学习，深入挖掘背后的文化和精神，帮助学生形成正确的价值观；另一方面教师以传承、活化为出发点，转变授课方式，选择贴近学生生活的课程内容，形成结构序列，并且改进工具和材料，降低工艺难度，让学生积极地参与花版设计、雕刻、夹板、印染等工艺程序，使学生全神贯注地投入其中，深入体会手作的温度和精益求精的匠人精神，这对学生的习惯、审美、意志和对非遗的兴趣培养大有裨益。

《冰墩墩》（拓印） 学生习作

《冰墩墩》（夹染） 学生习作

（三）浸润让课程有效

通过真实情境和任务设计践行项目式学习方式，让美走向生活，构建令人向往的"蓝韵"新生活美学。学生结合教材创作了蓝夹缬作品和相关文创，并通过展陈布置让空间成为装置艺术的体验场。置身于场景美学之中，学生的技艺得到了训练，情操得到了陶冶，精神也得以升华。学生作品在"2022年浙江省乡村学校美育推进会"上展示，赢得了与会专家与美育同人的一致好评。

总而言之，蓝夹缬拓展课程在非遗活化、传承过程中走出了一条有特色的守正创新之路。十年坚持难能可贵，若在传统技艺保护、数字技术运用以及族群文化和生态方面再多一些研究就更有意义！

学生习作

学生习作

学生习作

学生习作

拓展课程
金华市义乌市

义乌市中学美术"人人会设计"活动

缪绪乐　义乌市教育研修院
方　菁　义乌市后宅中学

  设计是设想、运筹、计划、预算、制作的过程，涉及学生生活的方方面面，校园景观、教室布置、文具服饰、校徽商标都蕴涵了设计的创意与构思。为激发广大中学生的创意思维，培养学生的创新实践能力，进一步展示中学美术教师"设计·应用"艺术实践的教学成果，自2009年起，义乌市已连续成功举办了十六届中学美术"人人会设计"比赛活动，活动包括美育成果（以及工作坊视频）展示、现场命题中学生设计比赛，以及教学活动案例评比等。这样一年一度的"人人会设计"活动，是推动义乌美术教育优质、均衡发展的重要力量，也是推进乡村美育发展、全面提升全市中小学美育质量的创新之举。

童年的记忆　何沁洲

大安寺塔　学生习作

青绿义乌　王桉棋

一、活动背景

义乌作为中国小商品之都,其美术教育资源的分布呈现出独特的地域特色。随着社会经济的快速发展,社会对美术人才的需求日益增长。全市各校均依托本土文化资源,成功建立了各具特色的美术工作坊,从而形成了"一校一品"乃至"一校多品"的美育发展新局面。

二、活动策略

（一）深耕传统文化,在传承中创新

中华文化源远流长,郁郁乎文,大风泱泱,大潮滂滂。义乌,素有"文化之乡"的美誉,"礼乐之教",根植于中华优秀传统文化。美育不仅是一门学科教育,更是重塑民族气魄、陶养感情、构筑心灵家园的重要方式。每一届活动都有活动主题,彰显了素有"小商品之都""中国名片"之称的义乌的特色,比如,第八届"人人会设计"活动主题是"描绘家乡景色,放飞中国梦想,传承民间工艺,创造商城新品",以学校美术特色教学成果现场展示和学生现场设计比赛为主要评价内容。各参赛学校的展示,都围绕美术设计展开,或以传承作为脉络,展现地方文化之魅力；或以个性创新作为亮点,表现现代科技之魅力；或以学校

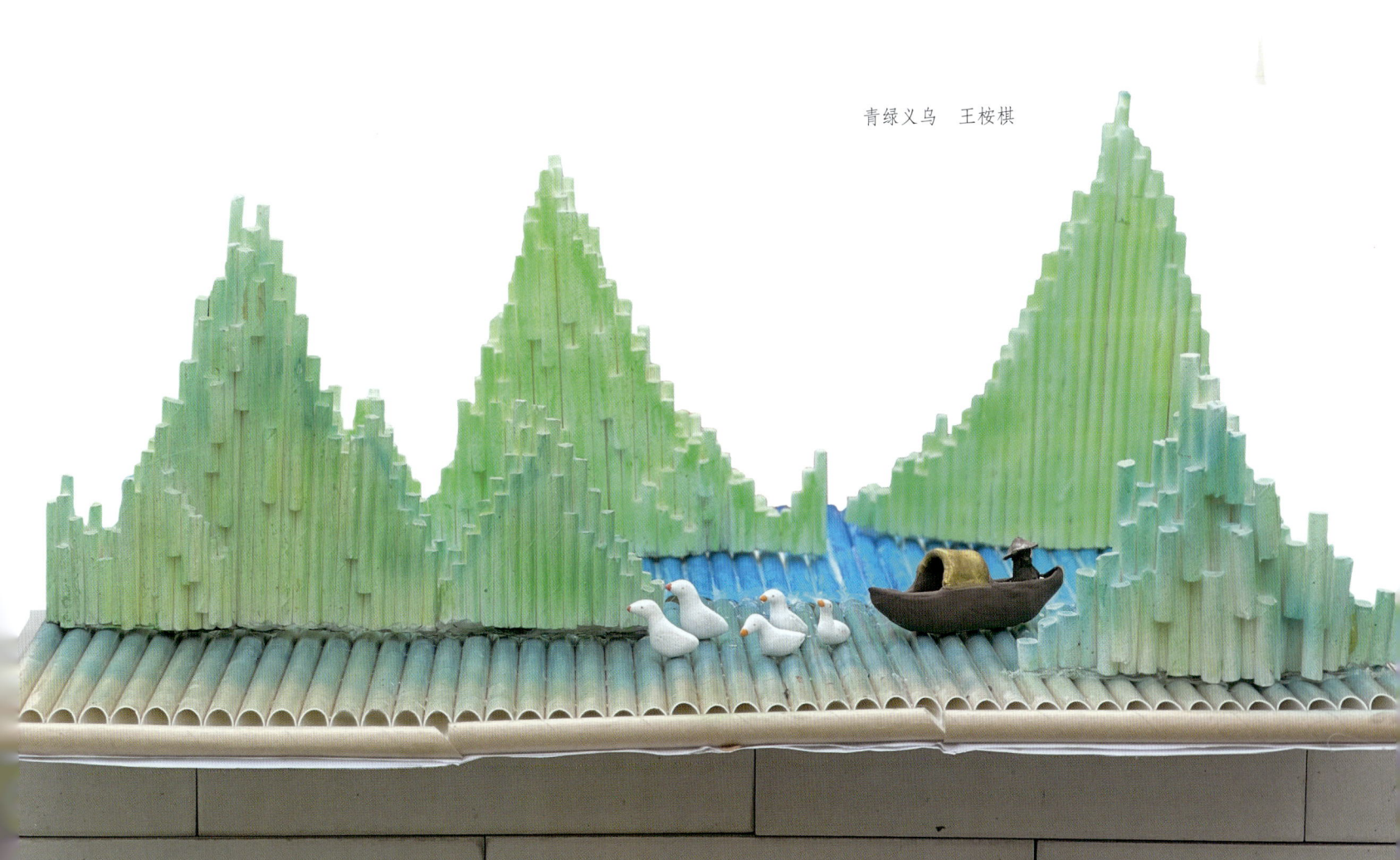

办学特色为要素,展示义乌教育蓬勃之张力……义乌市北苑中学掐丝珐琅工作坊作为多元化的创作教学基地,在美术教学中融入本土文化与非遗传承,在赏读非遗文化的过程中让学生逐渐了解其多样性,在品学掐丝珐琅工艺过程中深入感悟匠心精神,在参观创新丝艺商城中感受创意赋予传统的新意。学生在掐丝珐琅工作坊体验活动中,切身感受传统非遗文化的魅力,并学会将文创产品与现代设计巧妙结合,融入时尚元素和独特创意,从而形成文化传承与创新意识,提升美术核心素养。

(二)注重实践体验,艺术融入生活

提高社区美术教育活动的参与度,激励学生投身社区艺术活动,推动艺术与日常生活的深度融合。艺术来源于生活,也要付诸生活实践,佛堂镇中"织梦"工作坊的师生们在2024年走进了佛堂老街,将编织艺术介绍给佛堂老街的居民,以公益课堂的形式传承非遗文化,与市民互动交流。

(三)借助科技力量,革新美术教育模式

推动美术教育与科技的融合,利用数字媒体和虚拟现实等新技术丰富教学手段。加大对美术教育的宣传力度,通过媒体和公共活动提高社会对美术教育重要性的认识。

乌商面馆 胡凯然

世界的超市——义乌 龚薪如

竹韵婺剧 何滟霞

义乌向未来 马天赫

比如在城镇职校工作坊的展示过程中，学校电商大师工作室团队成员进行现场产品销售实践，学生的手工作品得以展现其价值，同时也传播了民族精神和文化内涵，创新了美术教育工作坊的展示模式，也带动了学生的创作热情。在醒狮造型设计项目中，学生根据目标设定，搜集醒狮相关素材，从了解醒狮文化着手，在传统造型基础上进行创新融合，运用AI技术进行设计，使造型更加丰富。

（四）彰显美育特色，形成美术教育品牌

挖掘名人资源，构筑文化高地，创立彰显义乌特色的美术教育工作坊，使义乌美育拥有更为深厚的文化根基。

其中，望道中学以家乡名人《共产党宣言》翻译者陈望道先生的名字命名，凭借这一红色资源优势，精心提炼校园文化精髓，传承"望道之光"精神，围绕"真理味道·丝路印记"的主题，成功推出了具有鲜明义乌特色的红色美育品牌——"望道印记"版画工作坊。赤岸初中深入挖掘元代医学家朱丹溪的中草药文化，寄情百草，传承文化，打造出了具有浓厚中草药文化的美术教育品牌。

版画工作坊

义乌红糖村　楼钰涵

（五）扩展国际视野，开展对外交流

义乌不断加强师资队伍建设，定期安排教师参加国内外的进修及交流活动，以持续更新教育理念和优化教学方法。稠州中学教师在2024年带领学生远赴德国与友好学校CJD爱策克里斯托弗文理中学互动交流，互赠字画，拓宽美术教育的国际视野，为学生提供广阔的国际交流平台。

三、活动保障

（一）教师队伍建设与专业发展

"人人会设计"活动推动义乌美术教育的优质、均衡发展，教师队伍建设与专业发展是核心要素。通过实施"名师工作室"项目与"骨干教师培养计划"，义乌致力于构建一支具备高素养的美术教师队伍，培养美术学科带头人、名教师、骨干教师，成立艺术名教师工作室、教师专业社团。

（二）校际合作与资源共享

校际合作与资源共享是美术教育优质、均衡发展的关键一环。通过建立校际合作机制，城区学校帮扶农村学校，共享教育资源，使义乌美术教育资源的配置得以优化，从而有效缓解了资源分布不均的问题。

布艺工作坊

莲香溢远　吴静琪

蝶恋花　杨丹青

（三）阵地建设与经费保障

实现城乡一体化。加强学校艺术教育专用设施建设。各个学校艺术专用教室及相应教学设施的配备均达到省一类标准要求。建立校外美育实践活动基地，将文化建设项目布点在学校。聘请优秀的艺术家、民间艺人、艺术表演团体等进校园讲学，建立了20个民间艺术工作室、非遗传承实践基地、艺术特色学校。每年都对工作室（社团）给予活动经费补助，每年进行一次工作室的成果展示。设立专项活动经费，支持各类美育教学科研活动。

（四）定期开展美术创意实践活动

定期举办师生美术作品展览与比赛，内容广泛，涵盖了平面设计、立体造型、绘画、书法及摄影等多个领域。通过举办各式各样的活动，激发师生创作的热情，提高公众对美术教育的认识和支持。例如，2024年的"人人会设计"比赛共有来自全市50所初高中学校的544名学生参加，围绕"小商品大世界"平面设计主题和"我们从'浙'里走来"的漫画主题进行创作。参赛选手们在限定时间内，凭借自己的艺术才华和创意思维，呈现出一幅幅精彩的设计作品。

至美义乌　李格

至美义乌　李格

鹰舞江南　陈雪娜

魔方　李欣岢

四、活动成效

在"人人会设计"活动中，学生通过"设计·应用"这一艺术实践，结合生活和社会情境，运用设计与工艺的知识、技能和思维方式，开展基于问题的学习、基于项目的学习，旨在进行传承和创造。我市各校的艺术实践工作坊应运而生，在历经数载的辛勤耕耘后，已展现出显著的成效。这既是对义乌多年来"人人会设计"活动的充分肯定，也为更多地区、更多美术教师提供了来自义乌的可借鉴的成功经验。多年来，义乌美术教育始终以立德树人为根本任务，坚持以美育人、以美化人、以美润心、以美培元，引领学生在健康向上的审美实践中感知、体验并理解艺术，逐步提高感受美、欣赏美、表现美、创造美的水平。

不同学校的艺术工作坊

课堂作业

奇特的梦之夸张的脸
二年级上册

丁玲　湖州市爱山小学教育集团

　　本课的主要内容是学习用撕纸拼贴、添画的方式表现"梦中奇怪的脸",教学材料简单易得,操作性较强。学生从达利的代表作《记忆的永恒》中获得灵感,将梦中出现的各种奇特夸张的脸表现出来。彩纸代表夸张的脸的"肤色",不同的色彩带给人不同的感觉。在课堂练习环节,学生们能用撕贴、添画的方式创作出自己梦中夸张的脸,充分发挥了自己的想象力、创造力和动手能力。

学生习作　李林桐

学生习作　陈洱

学生习作　谢沁洋

学生习作　沈哲枫

学生习作　张群森

学生习作　黄梓瑜

学生习作 吴可欣

学生习作 严圣瑞

学生习作 许锦峰

学生习作 王沅涯

课堂作业

做一棵大树
二年级上册

寿菁菁　杭州市学军小学教育集团云栖小学

  本课结合了二年级上册《小鸟的家》与《动漫宝宝》的教学内容。教学中，教师引导学生认真观察并深入了解树的基本结构，从挺拔的树干到繁茂的树枝，再到形态各异的树叶，每一处细节都清晰呈现。同时，教师耐心指导学生学习捏塑的基本方法，如搓圆塑造粗壮的树干、揉条表现伸展的树枝、按压制作树叶的纹理等。随后，鼓励学生大胆地对大树进行"拟人化"处理。学生们的创造力瞬间被释放，有的大树被赋予了可爱的笑脸，有的则"穿上"了漂亮的花衣裳。有的学生还为大树装上"小鸟的家"，使得场景更加温馨。学生们在创造中提升了能力，收获了快乐。

礼物树　陈子乐

可爱的树　彭梓涵

毛毛虫在树上　刘卓宇

礼物树　滕果

小鸟的家　刘圣涵

蘑菇树　元一

花树　郑乐

课堂作业

黑白拼贴画
三年级上册

丁建纳　舟山市岱山县高亭小学

"黑白拼贴画"是浙美版美术教科书三年级上册"造型·表现"艺术实践的学习内容。课堂欣赏阶段，旨在通过引导学生欣赏不同表现形式的黑白色调的作品，拓宽学生的创作思路；通过比较、欣赏和讨论，让学生理解和体验黑、白、灰的合理运用，感悟、联想画面产生的节奏、韵律和美感，培养其认真、细致和耐心的创作习惯。学生实践阶段，让学生把生活中的所见、所感和所想运用拼贴画的形式表现出来，抓住形象的主要特征，用夸张变形的方法对其进行概括；探讨学习合理处理黑、白、灰关系的方法，掌握拼贴画的组合次序及画面黑、白、灰的安排方式，使作品更富层次感、装饰性。此外，鼓励学生利用废旧报纸制作黑白拼贴画，将材料变废为宝，增强学生环保意识。

枝头鸟　商妙涵

旋　陈立妍

瓶花　何若瑄

鱼趣　庞涵予

牵　苏歆儿

球乐　魏天宇

潮涌　王涵墨

舞动的精灵　李幼萱

> 课堂作业

找果子的刺猬
三年级上册

宋澜　杭州市钱江外国语实验学校

　　在"找果子的刺猬"一课中，学生凭借第一学段打下的扎实基础，已经能够较好地运用几何形体来概括与塑造各种形态的事物，他们的动手能力也随之提升。本课的材料是色彩丰富、易于塑形和保存持久的软陶。学生巧妙地将牙签、吸管等材料运用于塑造之中，以独特的方式刻画出刺猬身上那引人注目的"刺"。在创作过程中，学生通过细致观察、深入探究与反复实践，精准捕捉并生动展现了刺猬的形态特征。他们满怀热情地不断尝试、调整与完善，最终塑造出一系列栩栩如生、形态各异的刺猬形象。

学生习作　潘昕怡

学生习作　黄云鹏

学生习作　刘谢宇越

学生习作　陈彦伊

学生习作　陆俞禾

学生习作　何佳紫

学生习作　王敬之

学生习作　徐心悦

学生习作　沈祎敏

学生习作　毛坤麟

课堂作业

纸拎袋
三年级上册

巫向云　衢州市巨化第一小学

纸拎袋是学生熟悉的日常用品。如今，越来越多的人喜欢使用环保的纸拎袋，为保护环境，守卫绿色地球做贡献。本节课中，教师带领学生探究纸拎袋的构造与功能，启迪学生关注日常物件。学生从观察纸拎袋的构造与功能出发，理解几何形状与空间关系。通过折叠实践，几何与空间的奥秘跃然眼前。学生在本节课自制环保纸拎袋，通过添加小动物元素融入创意与人文关怀，用点滴行动累积环保大爱，为地球"减负"。

学生习作　余妤、叶思诚

学生习作　张晗玥、曾琪琪、陈炫

学生习作　张嘉琪、柴芷妍、陈庭宇、冯佳语、郑子安

学生习作　严思悦、朱慧欣

学生习作　韦靖娴、徐可芯、刘中庭、黄家怡、司宗泽

学生习作　王可馨

学生习作　叶艺

学生习作　陈诺鑫

课堂作业

南宋官窑
三年级下册

邱振涛　杭州天成教育集团

　　在本课的作业中，学生对南宋官窑独特韵味的捕捉与表达颇为到位。南宋官窑以"紫口铁足""粉青釉色""文武纹片"三大特征著称于世。学生描绘出官窑瓷器的温润釉色与精致造型，开片的纹理清晰，色彩搭配和谐，作品成功展现了官窑瓷器的古朴之美。

学生习作　钟艺

学生习作　徐志洋 　　　　　　　学生习作　叶王涵 　　　　　　　学生习作　唐伊然

学生习作 刘灏

学生习作 段睿

学生习作 杨晨汐

学生习作 徐琳欢

学生习作 胡紫涵

学生习作 潘俊杰

> 课堂作业

生活中的民族纹样
五年级上册

项丽佳　上海新纪元武义双语学校

　　民族纹样是人们运用夸张、概括、变形和修饰等手法将生活中的自然形象进行艺术加工而成的图形，人们称它为"经化妆、打扮出来的图形"，它在生活中被广泛运用，具有独特的艺术美感。本节课从日常生活切入，引导学生观察家具、服装、瓷器等物品上的民族纹样，让学生认识和思考民族纹样在生活中的意义，了解纹样的结构形式。五年级学生对这节课的学习内容兴趣浓厚，大部分学生能够较好地创作出具有装饰美感的平面形象，具有一定的创新意识。

学生习作　傅译萱

学生习作　陈昕雨

学生习作　丁沛珑

学生习作　刘煜琳

学生习作　吴若熙

学生习作　朱若羽 　　　　　　　　学生习作　金希妤

101

课堂作业

电影的始祖——皮影戏
五年级下册

周楚洋　杭州市景和小学

　　本课的学习内容集了解皮影戏、欣赏皮影戏和表演皮影戏于一体。通过赏析皮影定格动画作品《孙悟空三打白骨精》激发学生的学习兴趣。结合美术课例"设计《西游记》人物"和跨学科的语文课本剧，搭建知识迁移的桥梁，为学生后期设计、制作、演绎皮影戏提供知识储备。教师借助驱动性问题"怎样让皮影动起来？"鼓励学生以小组合作的形式自主探索，设计皮影图纸，尝试使用仿皮纸和分脚钉等媒材来制作皮影并完成汇报表演。学生在合作制作、演绎皮影戏的过程中思维活跃，热情高涨。通过课堂作业可知本课顺利达成了教学目标。

《西游记》孙悟空的皮影形象　学生习作

《西游记》猪八戒的皮影形象　学生习作

皮影运动会　蹴鞠　学生习作

皮影运动会　投壶　学生习作

皮影运动会　赛马　学生习作

皮影运动会　龙舟竞渡　学生习作

读书

热爱生活——读大卫·霍克尼的书

老管

我喜欢英国画家大卫·霍克尼的画，原因很简单，看他的画，很轻松很愉悦。他的作品很单纯，尤其近年来画的那些作品，无论是油画、水彩还是在iPad上画的，像极了儿童绘画作品，无拘无束，挥洒自如，但是又没有完全逾越边界。画得像孩子一样，除了众所周知的毕加索、马蒂斯外，大卫·霍克尼是当代最著名的一位画家了，这大概是对一位艺术家最高的评价了。

喜欢大卫·霍克尼的作品，主要是喜欢霍克尼对生活的态度，他的艺术就是对鲜活生命的颂扬。他在描绘亲朋好友时是温柔的，描绘慵懒惬意的休闲时光时是顽皮的，描绘大峡谷的宏伟景象时是令人惊叹的。他的所有作品都在表达这些人和事物存在于世的意义，欣赏它们、感受它们，然后爱上它们。霍克尼最喜欢说的一句话就是："热爱生活！"

疫情期间，大卫·霍克尼写了一本书《春天终将来临》，书中处处透露出他对生活的热爱、对艺术的热爱。他写道："每当春天来临，我都会激动不已。……这是一个大主题，也是我满怀信心可以实现的主题：大自然拥有无限多样性。……年复一年，你会注意到更多。我现在就在这么做，我可以深入其中更仔细地观察事物，比如花朵。""我画了一幅莫奈风格的池塘。刚才我在刻画水面。自三月以来，我每天至少画一幅，通常画两幅，有时甚至会画三幅。平均每

把脚跷在椅子上的西莉亚　大卫·霍克尼

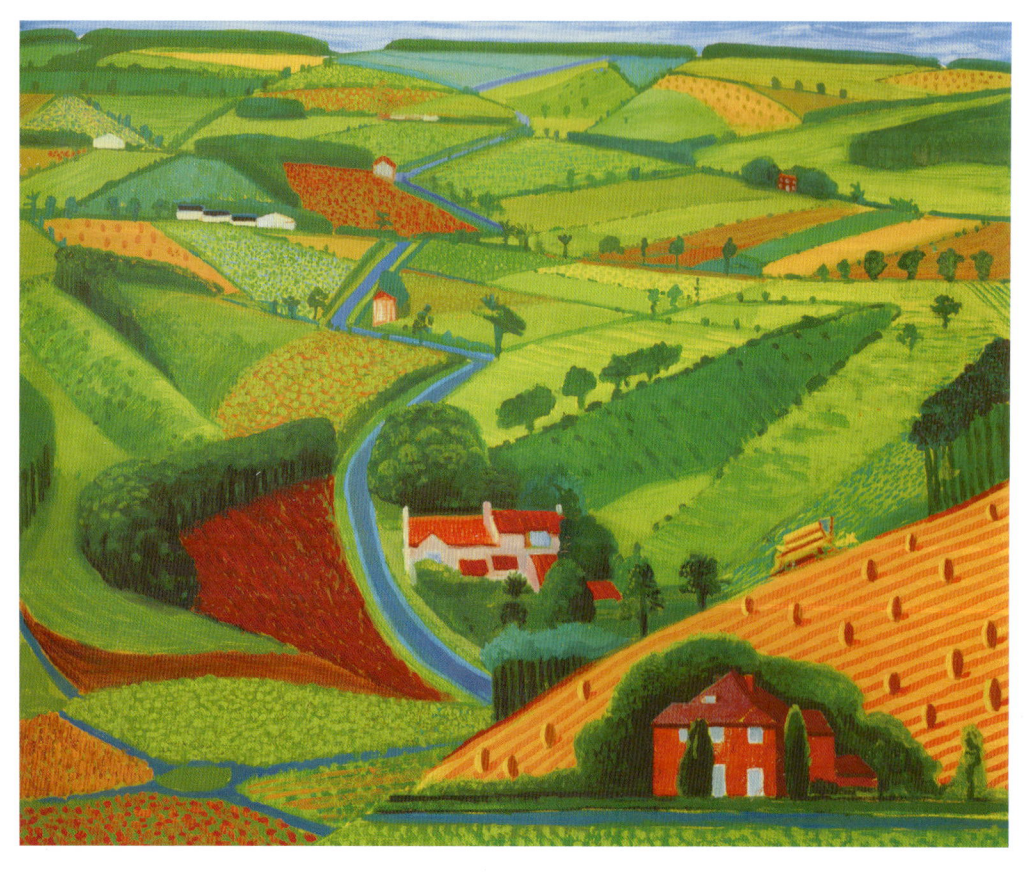

穿过沃尔德的路　大卫·霍克尼

第 966 号，2011 年 8 月 7 日　大卫·霍克尼

天一幅以上。我甚至下午都不睡午觉，因为我从工作中获得无穷的精力，精力旺盛。看哪儿我都觉得美丽动人。"

大卫·霍克尼一生都在探索各种艺术可能，从早年对摄影拼贴画的尝试，到对古典大师小孔成像画法的探索，再到晚年尝试用平板电脑创作，这是一个始终保持好奇心，不会将自己拘泥在一种材质、一种艺术表达语言中的艺术家。他在1970年写道："我一直对毕加索很感兴趣，但是和大多数艺术家一样，我从来不知道如何应对他，他太有影响力了，他的艺术形式也太有特性了。你怎么学？你怎么借鉴？"在创作摄影拼贴画时，他写道："1981年，我开始使用宝丽来相机，并且开始创作拼贴画。很快，一个星期之内，我就把它们做得很复杂。我对这种创作拼贴画的方式很感兴趣，并沉迷其中。我用宝丽来相机创作了大约150张拼贴画……这让我重新燃起对立体主义和毕加索的观念的兴趣，所以从某种意义上说，摄影让我重新思考了立体主义的观察方式。"2020年，大卫·霍克尼又写道："用iPad画画，我能很快捕捉到光线。我认为这是我能找到的最便捷的媒介，比水彩快多了……以前我画一幅画，可能需要两三天的时间，但有了iPad，我几乎一气呵成。"

就是这样一位艺术家，他一生不断创作，痴迷于艺术，正如他自己所说："我从小就喜欢画画。我想这就是我的工作，画画，我已经做了60年了。我还在画，仍然痴迷于此。当你注视这个世界的时候，它是如此美丽，但大多数人并不会这样去看待，带着某种专注，不是吗？"

大卫·霍克尼，一个如此热爱艺术、热爱生活的画家，向他致敬！

大卫·霍克尼的中文简体版系列图书

《热爱生活——大卫·霍克尼作品集（增订版）》

本书收录了画家大卫·霍克尼60多年来创作的500多幅作品，充分展现了画家的油画、素描、水彩画、版画和摄影作品的演变与多样性。书中的作品，都是大卫·霍克尼亲自挑选、整理和校对颜色的。

《图画史：从洞穴石壁到电脑屏幕》

本书由大卫·霍克尼与艺术评论家马丁·盖福德合著，共同探索人类在历史上如何制作图画以及为什么要制作图画。作者将丰富的图像并置在一起，从迪士尼动画片到歌川广重的版画，从电影剧照到油画作品，提出了电影、摄影、绘画和素描之间具有深刻的内在联系，富于洞见，对于我们认识人类如何再现现实颇有启示。

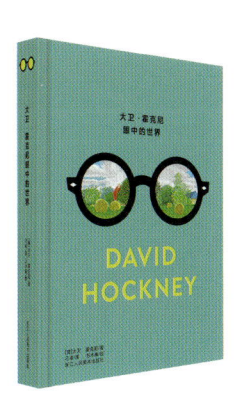

《大卫·霍克尼眼中的世界》

这是一本画语录。大卫·霍克尼擅长以简洁的陈述捕捉深刻的真理，本书将他多年来对世界的观察汇集成册。通过这些话语，你将走进一位艺术家眼中的世界。

《容貌即一切：大卫·霍克尼的肖像画和他的朋友们》

本书收录了大卫·霍克尼最有代表性的肖像画作品，这些肖像作品描绘了众多知名人物，如安迪·沃霍尔、克里斯托弗·伊舍伍德等，它讲述了艺术家和家庭、朋友以及爱人之间关系的故事，本书也是对艺术家生活和感情的最有价值的记录。

《中国日记》

这是对大卫·霍克尼和作家斯蒂芬·斯彭德在20世纪80年代来中国旅行的记录,霍克尼在旅行途中完成的艺术作品以及斯彭德充满洞察力的文字一同记录了广阔而壮丽的景象,如长城、桂林山水,他们也描绘了上海、广州、杭州等城市中人们的日常生活。通过他们的眼睛来观察我们的生活,别有一番乐趣。

《写给孩子们的图画史》

本书不同于一般的艺术史,大卫·霍克尼并没有对艺术史上的派别和风格进行冗长的说明,也没有对艺术史进行分期。他用独特的视角解读图画的世界,帮助孩子们理解艺术珍品。本书适合与5到12岁的孩子进行亲子共读,13岁以上自主阅读。

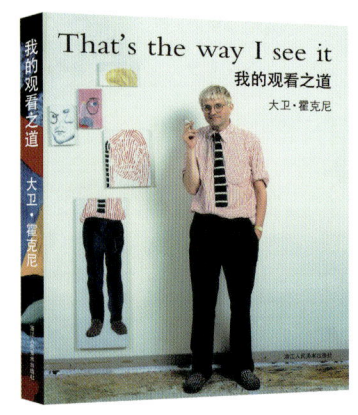

《我的观看之道》

这是一本霍克尼探究空间再现的书,主要讲的是观看的问题。剧场的舞台设计是探讨空间的绝佳手段,霍克尼从突破透视法则开始,让绘画进入舞台剧,开启一种全新的观看之道。

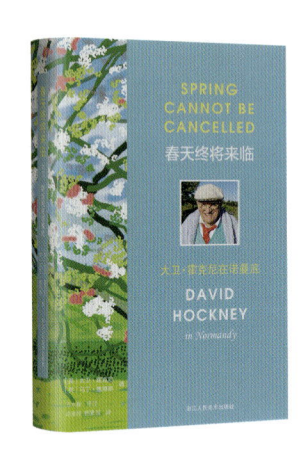

《春天终将来临——大卫·霍克尼在诺曼底》

这是一本极其特殊的著作,它记录了霍克尼在疫情肆虐时喷薄而出的创作灵感,包含他最新的iPad创作以及对生命的思考。

《大卫·霍克尼谈大卫·霍克尼:我的早年》

本书源自一段1975年的访谈,从布拉德福德的童年,皇家艺术学院的岁月,到旅居加州和巴黎的时光,霍克尼知无不言。这本书让我们看到,如今这位成就不凡的大师,也曾经是个莽撞可爱的年轻人。

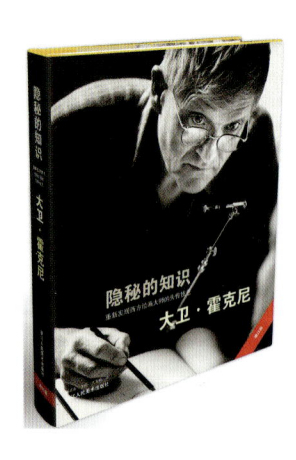

《隐秘的知识:重新发现西方绘画大师的失传技艺》

这是一本当年发表即引起全球轰动的图书,大卫·霍克尼在书中指出西方一些伟大的画家是借助光学镜头来绘制作品的,他借助实验分析了古典画家如卡拉瓦乔、委拉斯开兹、安格尔等是如何借助光学原理来绘画的。